Mathefreunde 2

Arbeitsbuch Inklusion | Teil B

Herausgegeben von
Edmund Wallis, Leipzig

Erarbeitet von
Petra Franz, Erfurt
Patricia Reichard, Rostock
Birgit Schlabitz, Berlin
Edmund Wallis, Leipzig
Silvia Weisse, Bad Düben

VOLK UND WISSEN

Mathefreunde 2

Arbeitsbuch Inklusion | Teil B

Herausgegeben von
Edmund Wallis, Leipzig

Erarbeitet von
Petra Franz, Erfurt; Patricia Reichard, Rostock; Birgit Schlabitz, Berlin; Edmund Wallis, Leipzig; Silvia Weisse, Bad Düben

Redaktion: Hans Huschens
Illustration: Judith Ganter; Daniel Müller; Uta Bettzieche (Hunde)
Grafik: Christine Wächter
Umschlaggestaltung und Layout: tritopp, Berlin, Daniel Müller (Illustration)
technische Umsetzung und Layout: Ines Schiffel, Berlin; LemmeDESIGN, Berlin

www.vwv.de

1. Auflage, 5. Druck 2024

Alle Drucke dieser Auflage sind inhaltlich unverändert
und können im Unterricht nebeneinander verwendet werden.

Druck: Athesiadruck GmbH

ISBN 978-3-06-083737-3 (Paket mit den Teilen A und B)

PEFC-zertifiziert
Dieses Produkt
stammt aus
nachhaltig
bewirtschafteten
Wäldern und
kontrollierten Quellen
PEFC/18-31-166   www.pefc.de

Inhalt

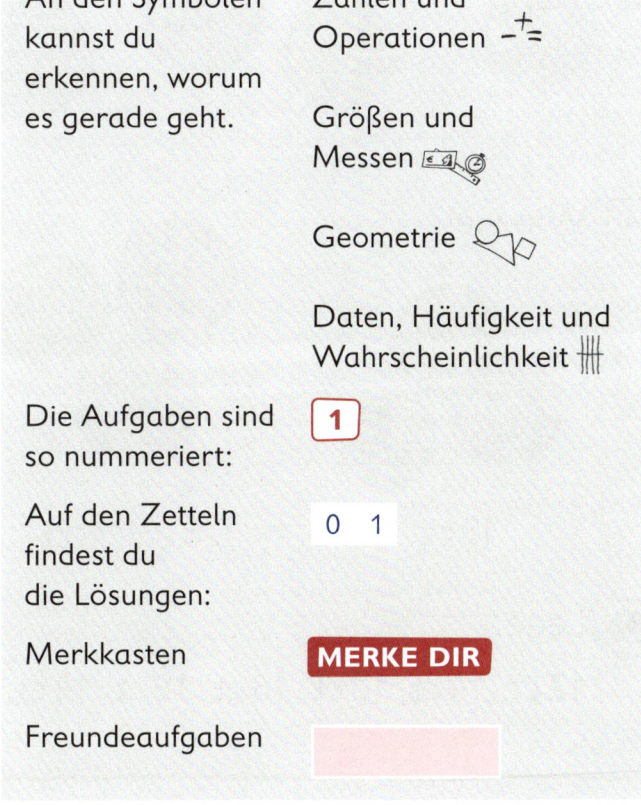

An den Symbolen kannst du erkennen, worum es gerade geht.

Zahlen und Operationen

Größen und Messen

Geometrie

Daten, Häufigkeit und Wahrscheinlichkeit

Die Aufgaben sind so nummeriert:

Auf den Zetteln findest du die Lösungen:

Merkkasten

MERKE DIR

Freundeaufgaben

Geldwerte 1 Cent bis 20 Cent

1 Die Münzen:

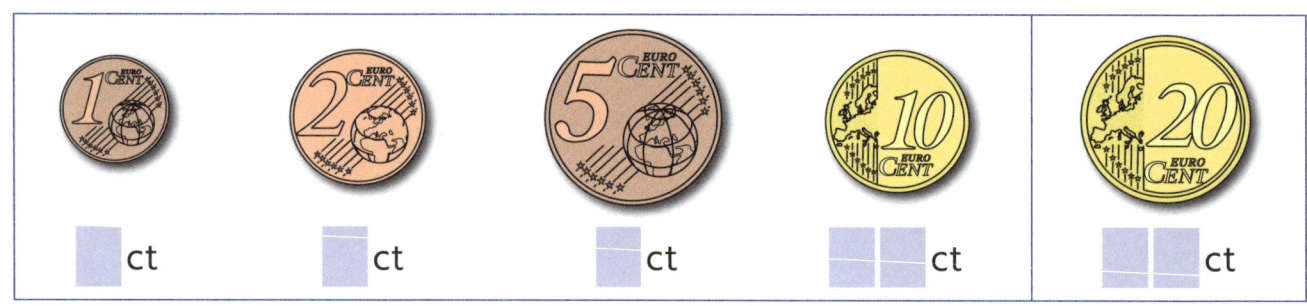

☐ ct	☐ ct	☐ ct	☐☐ ct	☐☐ ct

2 Immer 15 Cent.

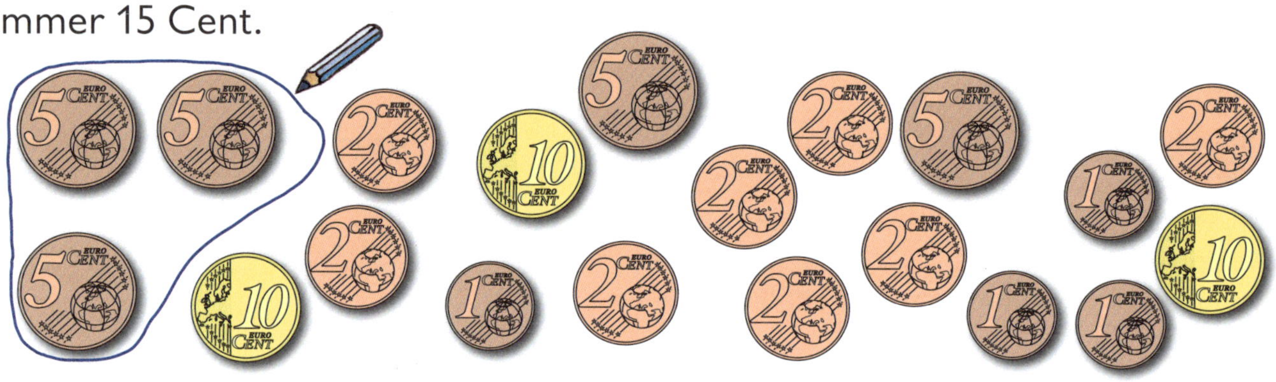

3 Immer 20 Cent.

4 Wie viel?

13 ct   ☐☐ ct   ☐☐ ct   ☐☐ ct

5 Lege.

12 ct, 14 ct, 10 ct, 16 ct, 19 ct, 14 ct, 20 ct, 11 ct

1: Münzen erkennen, Betrag zuordnen.   2, 3: Münzen zu 15 ct bzw. 20 ct bündeln.
4: Geldbeträge bestimmen.   5: Cent-Beträge mit Münzen legen.

Geldwerte von 1 Euro bis 20 Euro

1 Die Münzen und Geldscheine:

☐ €   ☐ €   ☐ €   ☐☐ €   ☐☐ €

2 Wie viel?

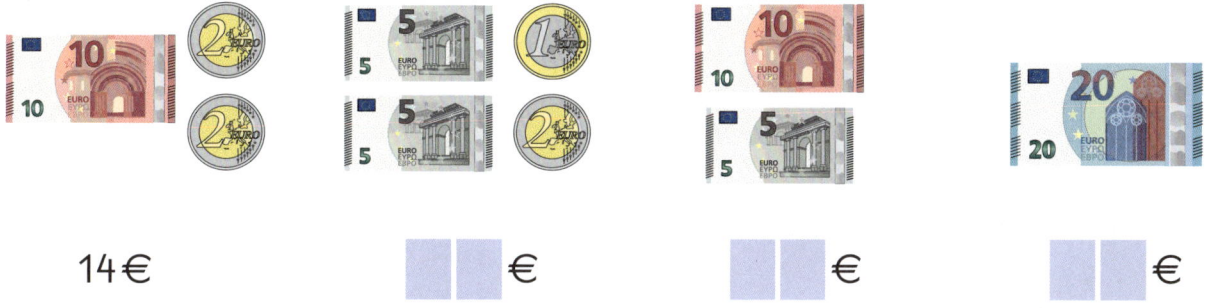

14 €   ☐☐ €   ☐☐ €   ☐☐ €

3 Immer 20 €.

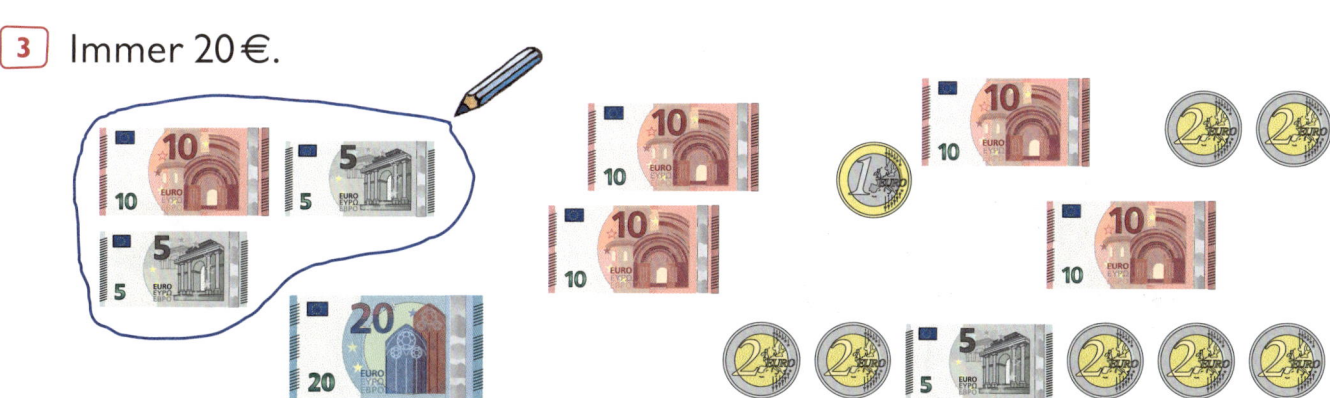

4 Immer 16 €.

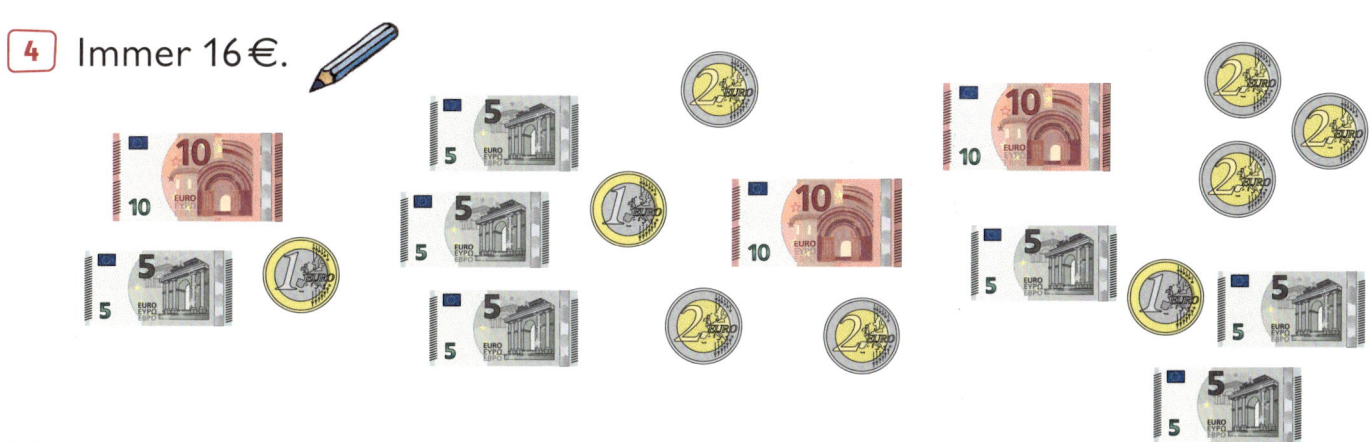

5 Lege.

12 €, 18 €, 15 €, 20 €, 14 €

1, 2: Münzen und Geldscheine erkennen, Betrag zuordnen.
3, 4: Münzen und Scheine zu 20 € bzw. 16 € bündeln.   5: Geldwerte nachlegen.

Rechnen mit Geld bis 20 Cent

1

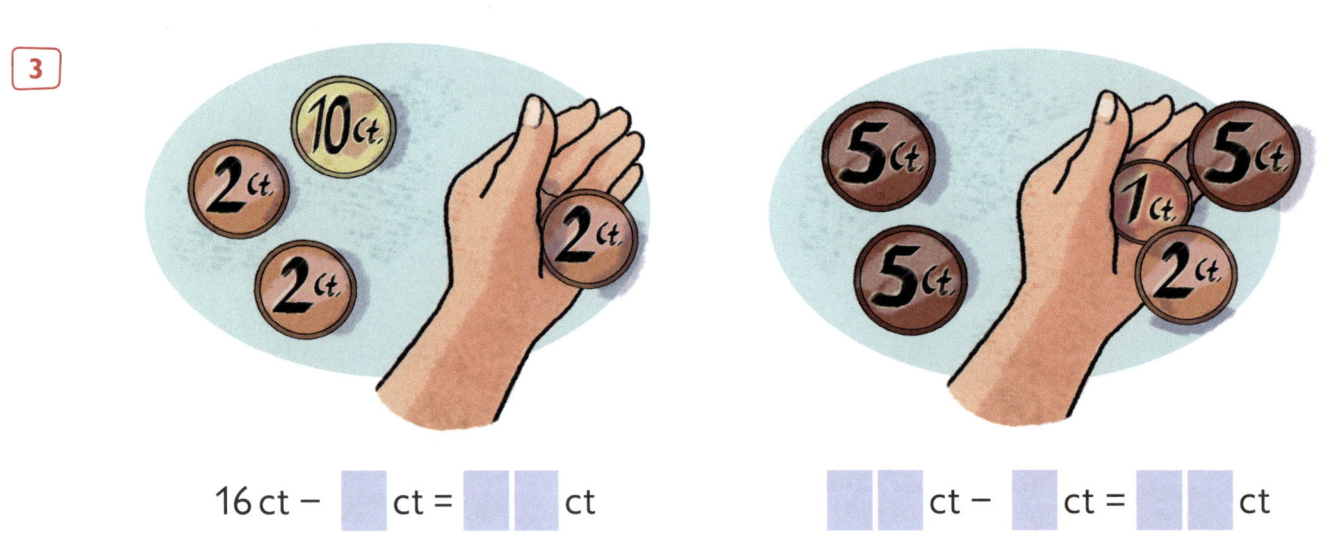

12 ct + ▢ ct = ▢▢ ct   ▢▢ ct + ▢ ct = ▢▢ ct

2

12 ct + 6 ct = ▢▢ ct   14 ct + 3 ct = ▢▢ ct   10 ct + 4 ct = ▢▢ ct

11 ct + 5 ct = ▢▢ ct   17 ct + 2 ct = ▢▢ ct   18 ct + 1 ct = ▢▢ ct

13 ct + 7 ct = ▢▢ ct   15 ct + 5 ct = ▢▢ ct   16 ct + 4 ct = ▢▢ ct

10 ct + 9 ct = ▢▢ ct   20 ct + 0 ct = ▢▢ ct   13 ct + 5 ct = ▢▢ ct

3

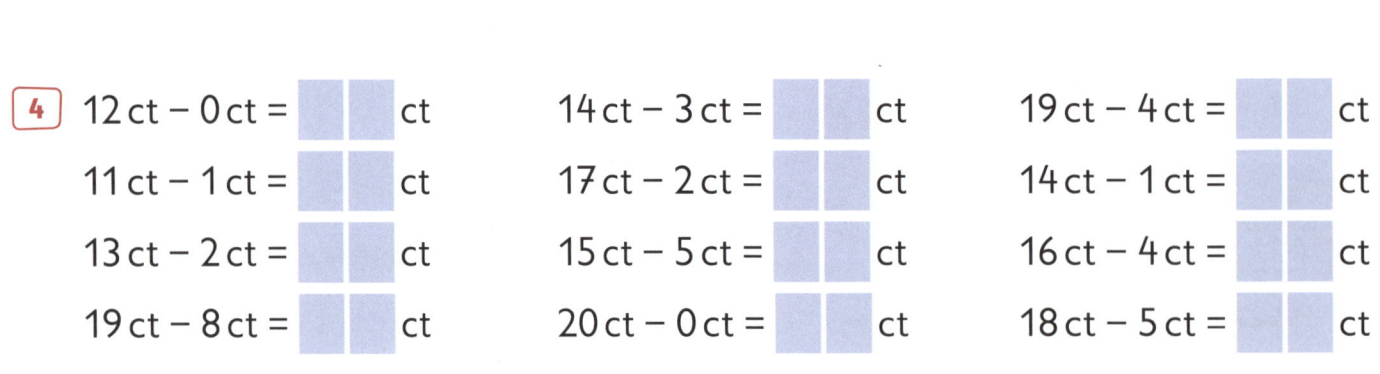

16 ct − ▢ ct = ▢▢ ct   ▢▢ ct − ▢ ct = ▢▢ ct

4

12 ct − 0 ct = ▢▢ ct   14 ct − 3 ct = ▢▢ ct   19 ct − 4 ct = ▢▢ ct

11 ct − 1 ct = ▢▢ ct   17 ct − 2 ct = ▢▢ ct   14 ct − 1 ct = ▢▢ ct

13 ct − 2 ct = ▢▢ ct   15 ct − 5 ct = ▢▢ ct   16 ct − 4 ct = ▢▢ ct

19 ct − 8 ct = ▢▢ ct   20 ct − 0 ct = ▢▢ ct   18 ct − 5 ct = ▢▢ ct

1: Additionsaufgabe zuordnen und lösen.   2: Addieren.
3: Subtraktionsaufgabe zuordnen und lösen.   4: Subtrahieren.

1 〔blauer Elefant: 5 ct + 10 ct〕 ☐☐ ct 　　〔grüner Elefant: 10 ct + 1 ct〕  ☐☐ ct

2 〔rosa Elefant: 10 ct + 10 ct〕 ☐☐ ct 　　〔blauer Elefant: 2 ct + 10 ct + 1 ct〕  ☐☐ ct

3 〔grüner Elefant: 10 ct + 2 ct + 5 ct〕 ☐☐ ct 　　〔rosa Elefant: 10 ct + 2 ct〕  ☐☐ ct

4 〔rosa Elefant: 2 ct + 10 ct + 2 ct〕 ☐☐ ct 　　〔blauer Elefant: 5 ct + 10 ct + 1 ct〕  ☐☐ ct

5
10 ct + 6 ct = ☐☐ ct
13 ct + 7 ct = ☐☐ ct
15 ct + 4 ct = ☐☐ ct
11 ct + 4 ct = ☐☐ ct

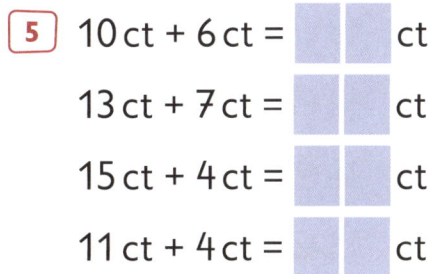

6
5 ct + 12 ct = ☐☐ ct
2 ct + 17 ct = ☐☐ ct
7 ct + 11 ct = ☐☐ ct
3 ct + 13 ct = ☐☐ ct

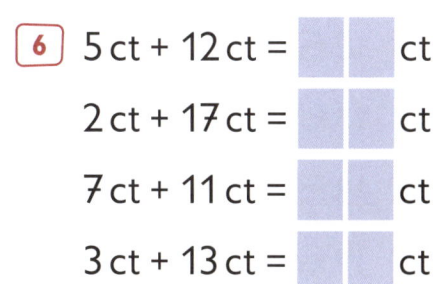

1 bis 4: Den Geldwert bestimmen und mit Rechengeld nachlegen.
5, 6: Addieren mit Euro. Verschiedene Möglichkeiten des Legens erörtern.

7

Rechnen mit Geld bis 20 Euro

1

$$12\,€ + \boxed{}\,€ = \boxed{}\boxed{}\,€ \qquad \boxed{}\boxed{}\,€ + \boxed{}\,€ = \boxed{}\boxed{}\,€$$

2

$15\,€ + 4\,€ = \boxed{}\boxed{}\,€$	$10\,€ + 6\,€ = \boxed{}\boxed{}\,€$	$15\,€ + 2\,€ = \boxed{}\boxed{}\,€$
$16\,€ + 3\,€ = \boxed{}\boxed{}\,€$	$12\,€ + 3\,€ = \boxed{}\boxed{}\,€$	$11\,€ + 6\,€ = \boxed{}\boxed{}\,€$
$17\,€ + 2\,€ = \boxed{}\boxed{}\,€$	$14\,€ + 3\,€ = \boxed{}\boxed{}\,€$	$12\,€ + 6\,€ = \boxed{}\boxed{}\,€$
$14\,€ + 6\,€ = \boxed{}\boxed{}\,€$	$11\,€ + 3\,€ = \boxed{}\boxed{}\,€$	$13\,€ + 3\,€ = \boxed{}\boxed{}\,€$

3 Es wird weniger.

$$16\,€ - \boxed{}\,€ = \boxed{}\boxed{}\,€ \qquad \boxed{}\boxed{}\,€ - \boxed{}\,€ = \boxed{}\boxed{}\,€$$

4

$18\,€ - 4\,€ = \boxed{}\boxed{}\,€$	$20\,€ - 5\,€ = \boxed{}\boxed{}\,€$	$13\,€ - 2\,€ = \boxed{}\boxed{}\,€$
$17\,€ - 5\,€ = \boxed{}\boxed{}\,€$	$16\,€ - 5\,€ = \boxed{}\boxed{}\,€$	$12\,€ - 1\,€ = \boxed{}\boxed{}\,€$
$14\,€ - 3\,€ = \boxed{}\boxed{}\,€$	$19\,€ - 5\,€ = \boxed{}\boxed{}\,€$	$15\,€ - 5\,€ = \boxed{}\boxed{}\,€$
$19\,€ - 9\,€ = \boxed{}\boxed{}\,€$	$20\,€ - 9\,€ = \boxed{}\boxed{}\,€$	$11\,€ - 1\,€ = \boxed{}\boxed{}\,€$

1: Additionsaufgabe zuordnen und lösen. 2: Addieren.
3: Subtraktionsaufgabe zuordnen und lösen. 4: Subtrahieren.

1 Es wird mehr:

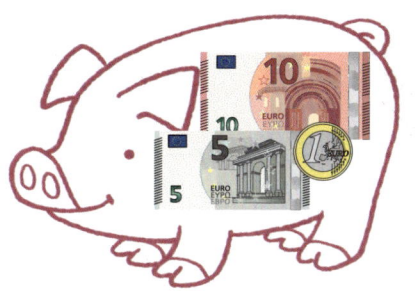 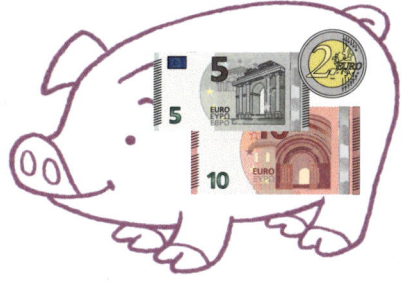 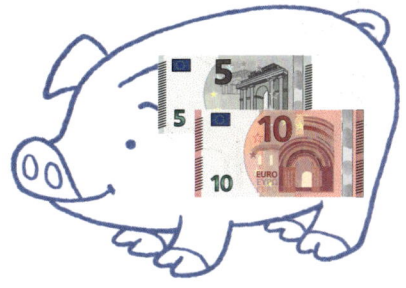

10 € + 6 € = ☐☐ €   10 € + ☐ € = ☐☐ €   10 € + ☐ € = ☐☐ €

2

 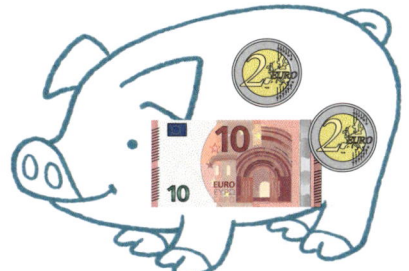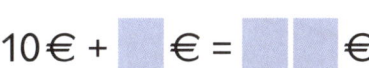 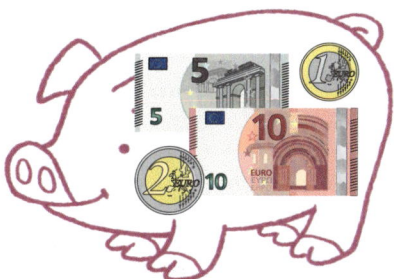

10 € + 2 € = ☐☐ €   10 € + ☐ € = ☐☐ €   10 € + ☐ € = ☐☐ €

3

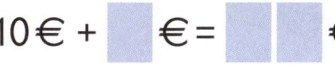 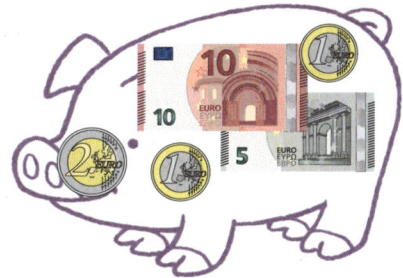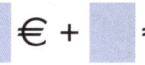 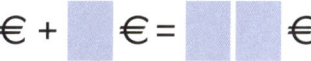

10 € + ☐ € = ☐☐ €   ☐☐ € + ☐ € = ☐☐ €   ☐☐ € + ☐ € = ☐☐ €

4 Freundeaufgabe – Legt den Geldbetrag auf verschiedene Weise:

8 €
10 €
15 €
17 €
20 €

1 bis 3: Geldbeträge ermitteln.
4: Geldbeträge auf verschiedene Weise legen. Hinweis SB 1, Freundeseite 121.

9

Quader, Würfel und Kugel

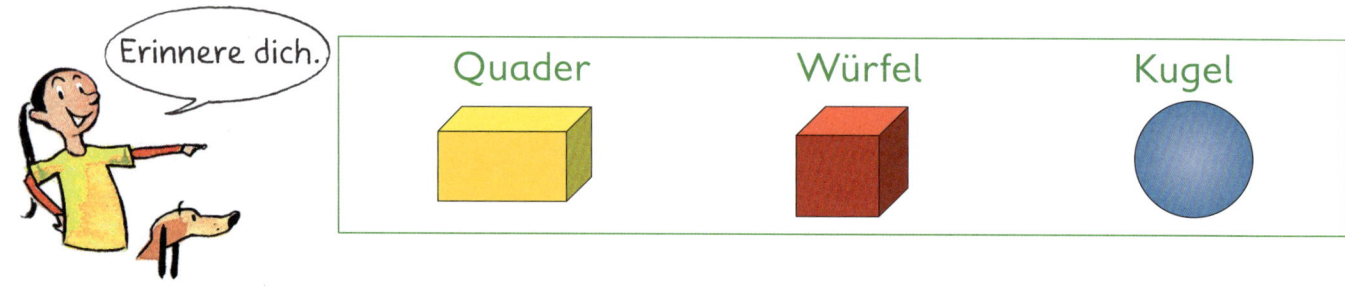

Erinnere dich.

| Quader | Würfel | Kugel |

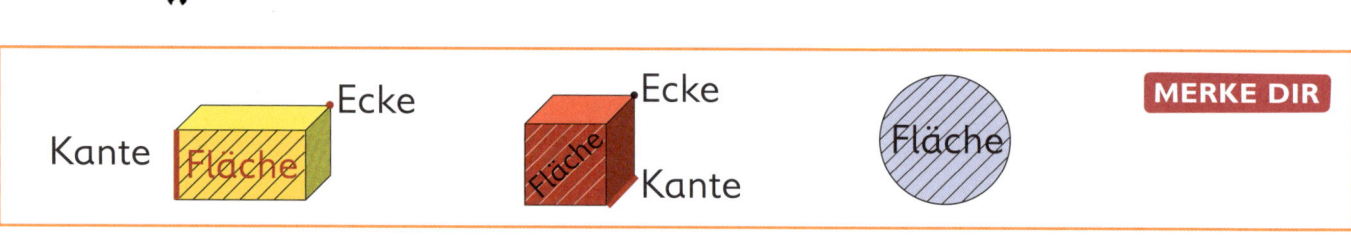

Ecke · Kante · Fläche

MERKE DIR

Welche Formen erkennst du? Kreuze an.

Quader ⊗ 🖊️   Würfel ⊗ 🖊️   Kugel ⊗ 🖊️

Quader, Würfel und Kugel in den Gegenständen wiedererkennen. Mit entsprechender Farbe ankreuzen.

1 Flächen am **Würfel**

a) Zeichne alle Flächen des Würfels.

Wie viele Flächen sind es?

☐ Flächen

b) Schneide alle Flächen aus.

Lege sie aufeinander.

Was stellst du fest?

Ergänze:

Der Würfel hat ☐ Flächen.

Die Flächen sind _____ groß.

2 Welche Flächen gehören zum Würfel?

Male sie aus.

3 Zähle.

Würfel	Flächen	Ecken	Kanten

1: Flächen des Würfels durch Umranden zeichnen. Anzahl der Flächen bestimmen. Erkennen, dass die Flächen gleich groß (deckungsgleich) sind.   2: Quadrate als Flächen des Würfels erkennen.   3: Anzahl bestimmen.

11

1 Flächen am **Quader**

a) Zeichne alle Flächen des Quaders.

Wie viele Flächen sind es?

◻ Flächen

b) Schneide alle Flächen aus.

Lege sie aufeinander.

Was stellst du fest?

Ergänze:

Der Quader hat ◻ Flächen.

Die gegenüberliegenden Flächen sind ◻ groß.

2 Welche Flächen gehören zum Quader?

Male sie aus.

3 Zähle.

Quader	Flächen	Ecken	Kanten

1: Flächen des Quaders durch Umranden zeichnen. Anzahl der Flächen bestimmen.
2: Rechtecke als Flächen des Quaders erkennen.   3: Anzahl bestimmen.

1 Baue nach.

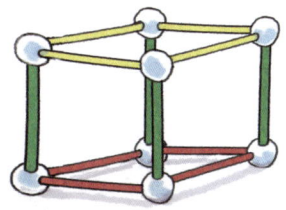

Du benötigst:

☐ Kügelchen

☐☐ Stäbchen

Die Stäbchen sind _____ lang.

(gleich/verschieden)

2 Baue nach.

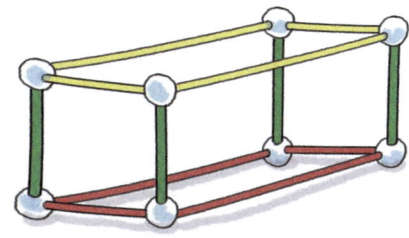

Du benötigst:

☐ Kügelchen

☐☐ Stäbchen

Die Stäbchen sind _____ lang.

(gleich/verschieden)

3 Wie viele Würfel sind es?

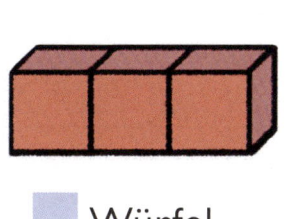

☐ Würfel   ☐ Würfel   ☐ Würfel

1, 2: Kantenmodelle nachbauen. Anzahl der benötigten Stäbchen und Kügelchen angeben.
3: Anzahl der Würfel nennen.

1 Ordne die Begriffe zu:

Ecke	Würfel	Fläche	Quader	Kante

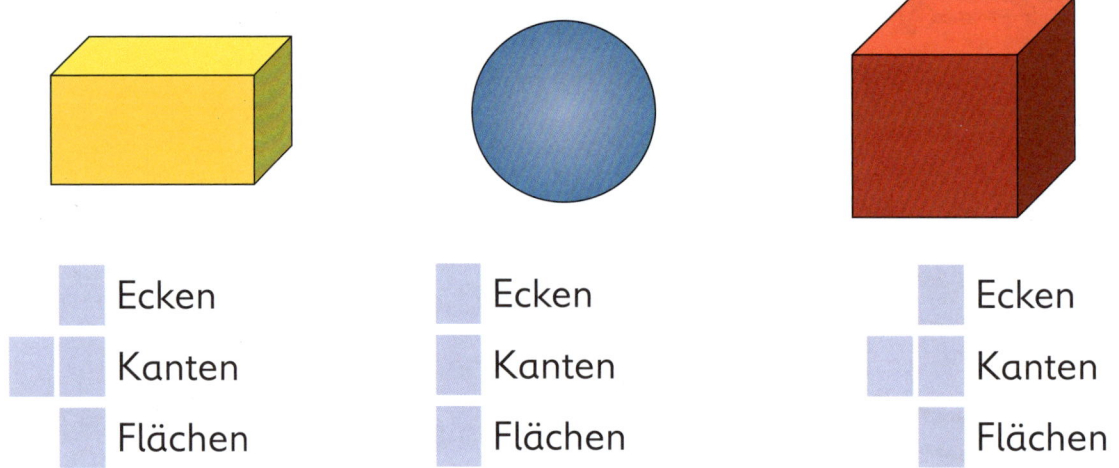

2 Vervollständige.

Ecken	Ecken	Ecken
Kanten	Kanten	Kanten
Flächen	Flächen	Flächen

3 Würfel oder Quader? Kreuze an. ✖

	Würfel	Quader
Alle Flächen sind gleich groß.		
Alle Kanten sind gleich lang.		
Alle Flächen sind Quadrate.		
Alle Flächen sind Rechtecke.		

1: Begriffe zuordnen.   2: Anzahl der Ecken, Kanten und Flächen ergänzen.
3: Merkmale den Körpern zuordnen.

1 a) Schreibe die Namen der Körper auf.

b) Ordne die Eigenschaften zu.

| hat Kanten | kann nicht rollen | ist rund | hat Ecken |

_____ Quader _____   _____   _____

| hat keine Ecken | kann rollen | kann kippen | hat keine Kanten |

2 Falsch oder richtig? Kreuze an. ✖

	richtig	falsch
Ein Würfel hat 6 Flächen.	◯	◯
Ein Quader hat 12 Kanten.	◯	◯
Eine Kugel hat keine Ecken.	◯	◯
Ein Quader hat 8 Flächen.	◯	◯
Ein Quader kann nicht rollen.	◯	◯
Ein Würfel hat 10 Kanten.	◯	◯

1: Namen der Körper kennen und aufschreiben. Eigenschaften den Körpern zuordnen.
2: Entscheidung durch Vorzählen/Zeigen begründen.

15

Bauen mit Würfeln

1 a) Male aus: Gleiche Würfelbauten – gleiche Farbe

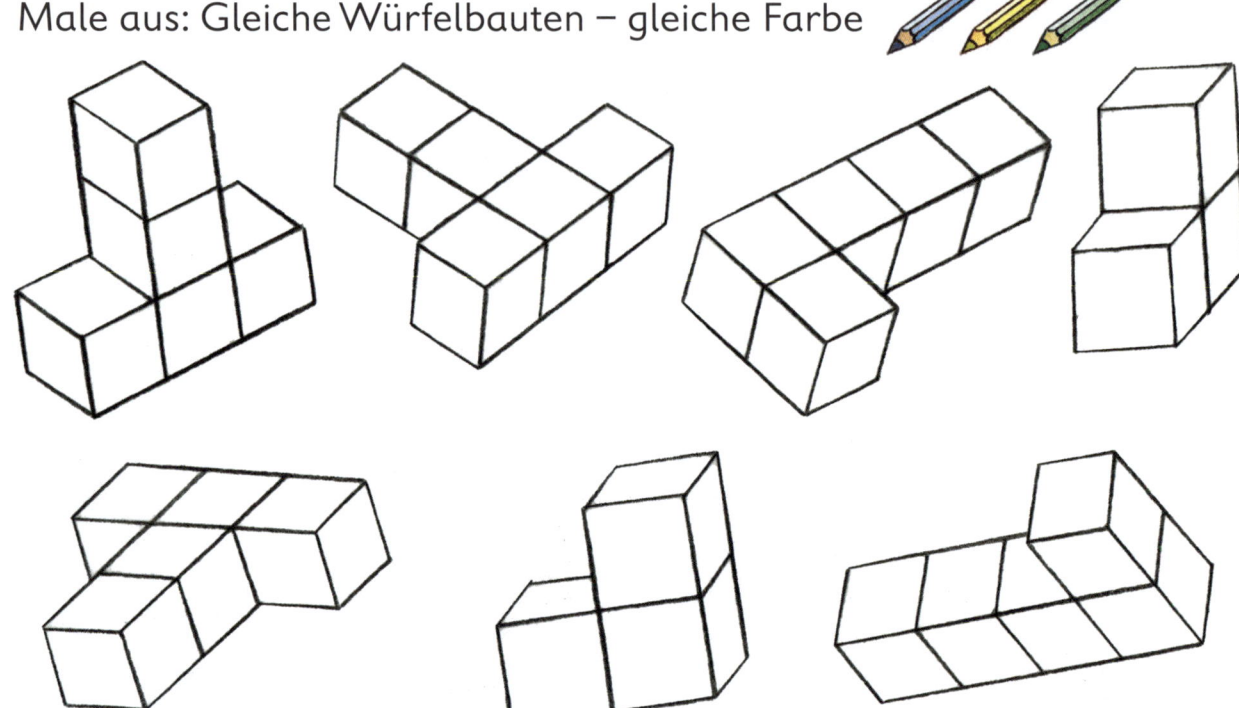

b) Kontrolliere durch Nachbauen.

2 Zähle die Würfel.

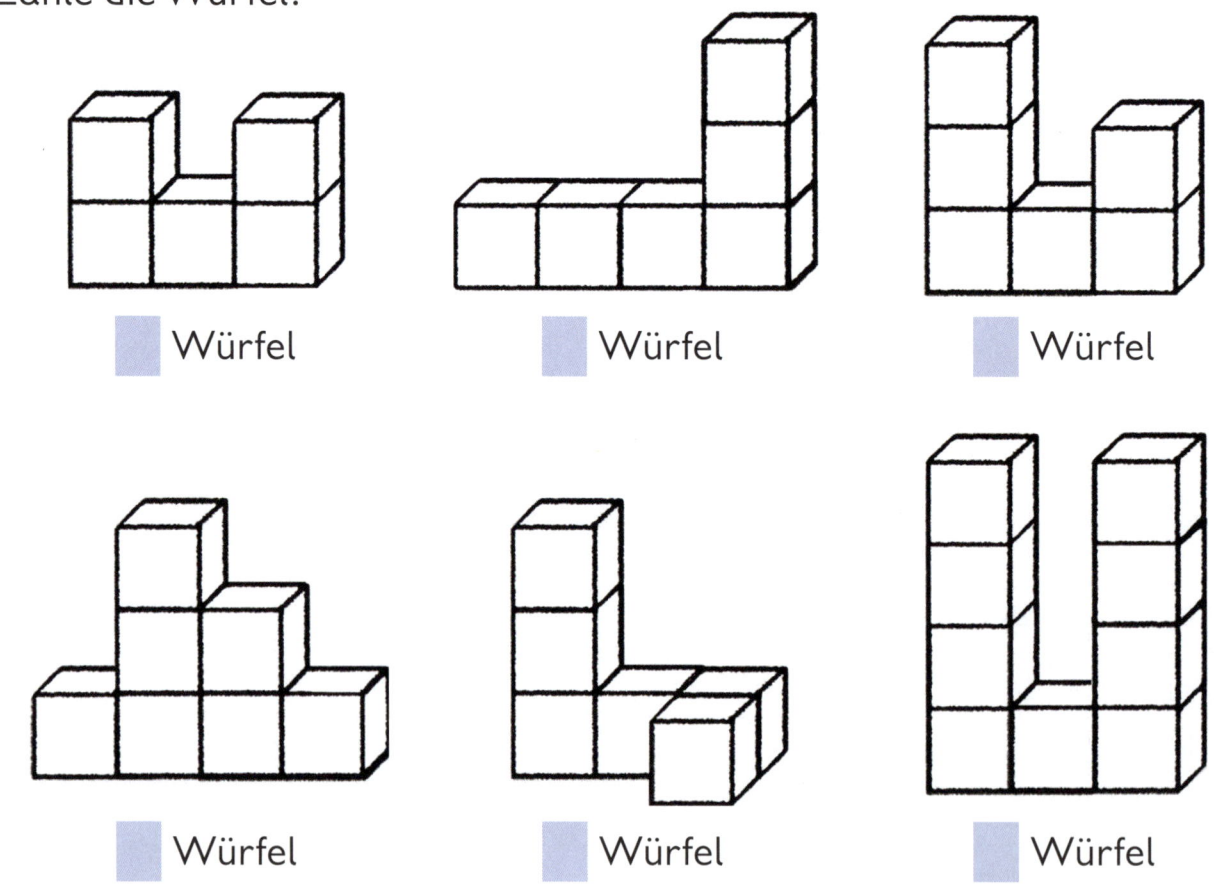

▮ Würfel   ▮ Würfel   ▮ Würfel

▮ Würfel   ▮ Würfel   ▮ Würfel

1: Gleiche Bauten erkennen und mit gleicher Farbe ausmalen.   2: Anzahl der Würfel angeben.

1 Schreibe den Bauplan.

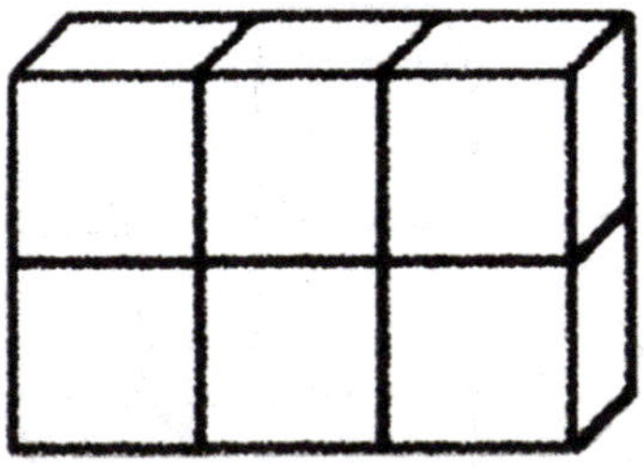

2		

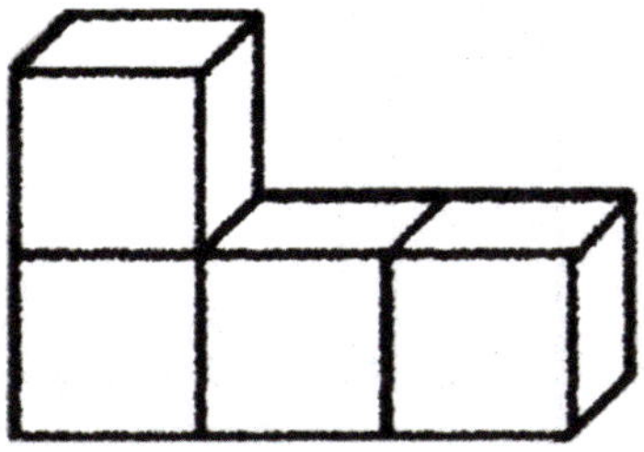

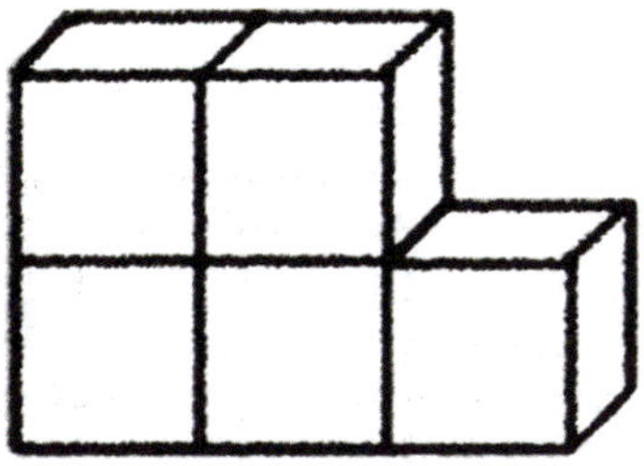

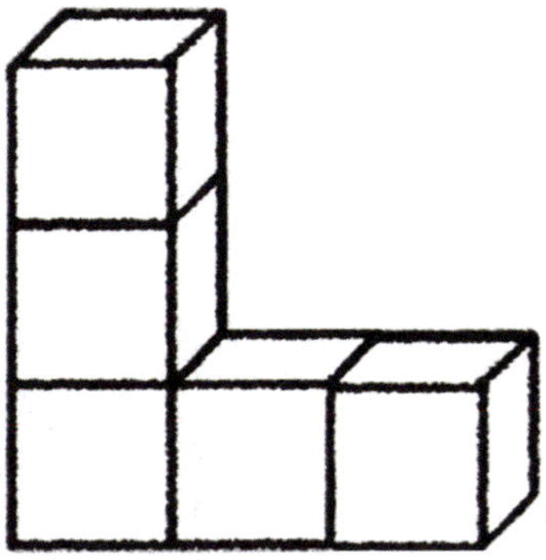

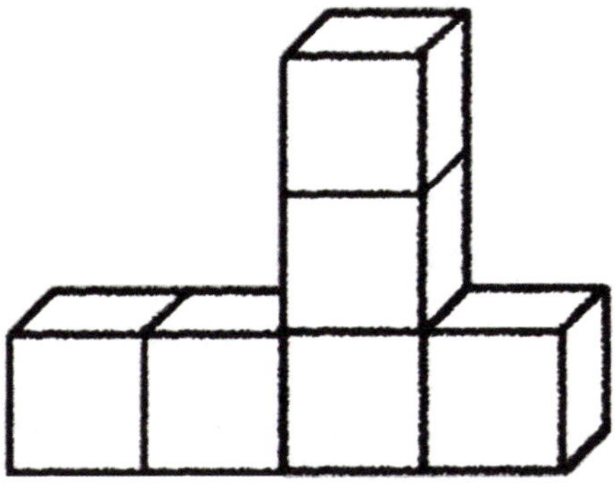

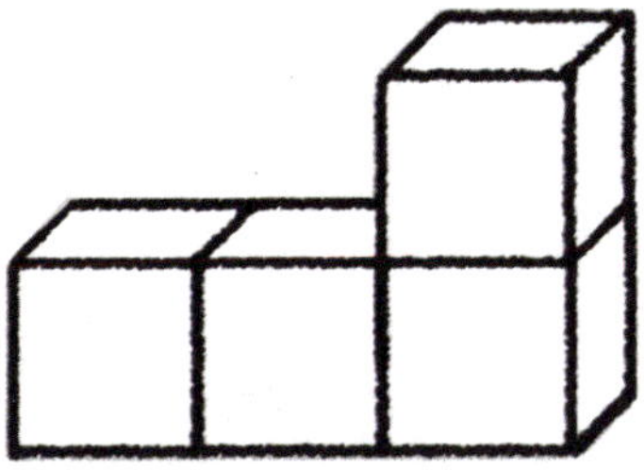

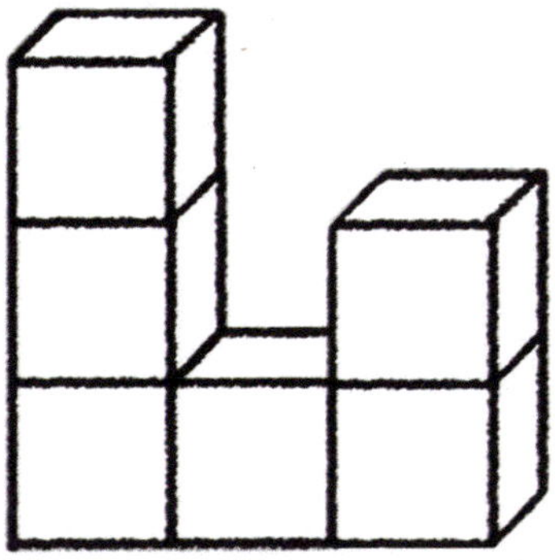

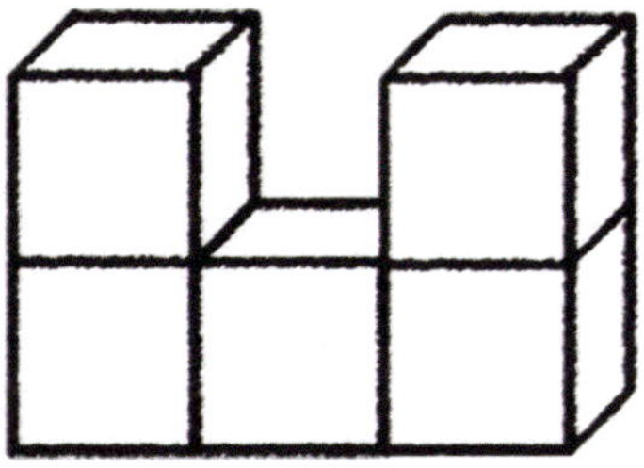

2 Male alle Würfelbauten mit 6 Würfeln grün aus.

1: Baupläne schreiben.   2: Bauten mit 6 Würfeln identifizieren und ausmalen.

17

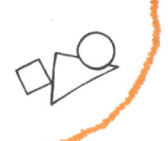

1 a) Schreibe den Bauplan.

b) Baue nach und kontrolliere.

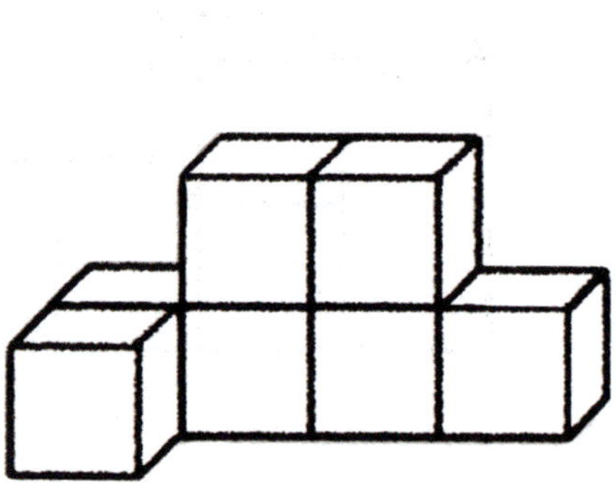

1	2	

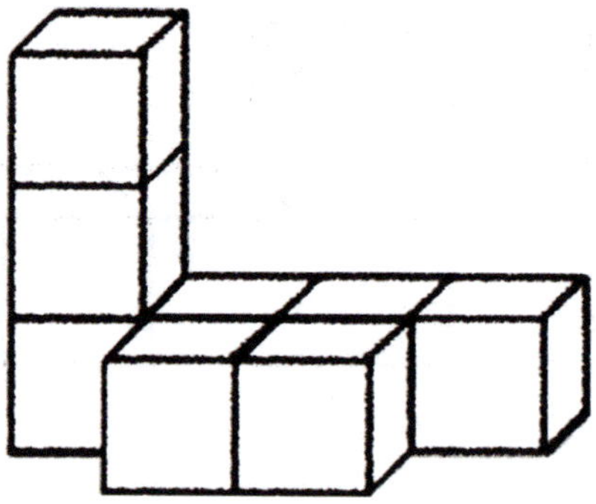

		1

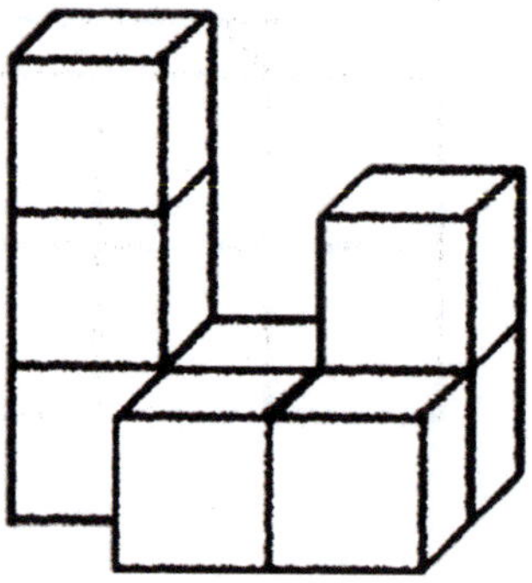

		2

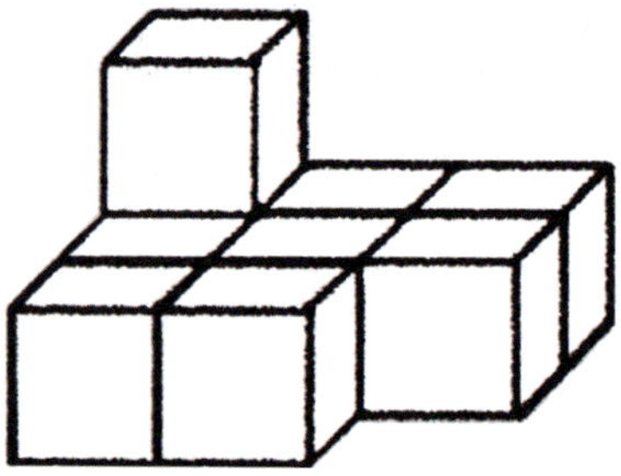

1		

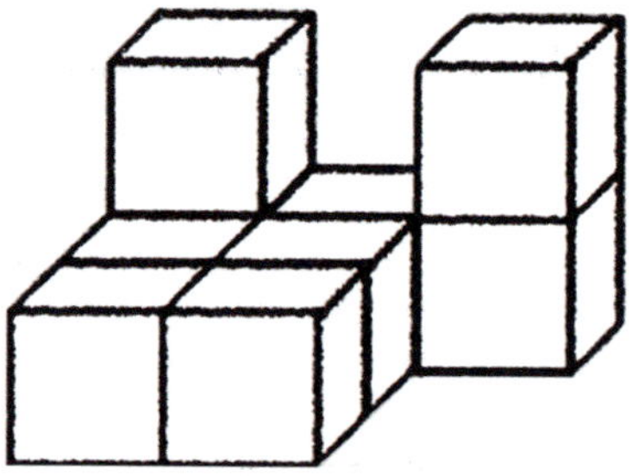

	1	

		1

2 a) Welche Bauten haben mehr als 8 Würfel? Male sie rot aus.

b) Welche Bauten haben weniger als 8 Würfel? Male sie blau an.

1: Bauplan schreiben, nachbauen, kontrollieren. 2: Nach Vorgabe ausmalen.

Ordne zu: Vom Bauplan zum Würfelbau

3	1	1	1

2	2	2
2	1	

4	1	4

2	3	1
1	1	1

1	3	1

3	2	1
1	1	1

1	3	2	1

3	1	2

Addieren mit Zehnerübergang

$7 + 5 = \boxed{}\boxed{}$

$7 + 5$

$3 + 2$

$7 + 3 = 10$
$10 + 2 = 12$
$7 + 5 = 12$

Rechne so:

○ Zerlege die zweite Zahl.

○ Ergänze zum Zehner.

○ Addiere den Rest.

Schreibe so:

$7 + 5$
$7 + 3 = 10$
$10 + 2 = 12$
$7 + 5 = 12$

Lege erst, rechne dann.

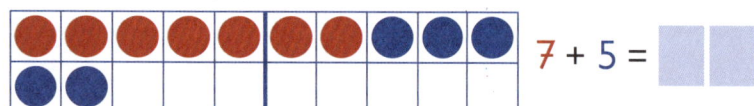

2
$8 + 6$
$8 + 2 = \boxed{}$
$10 + 4 = \boxed{}$
$8 + 6 = \boxed{}$

3
$9 + 4$
$9 + 1 = 10$
$10 + 3 = \boxed{}$
$9 + 4 = \boxed{}$

4
$7 + 4$
$7 + \boxed{} = 10$
$10 + \boxed{} = \boxed{}$
$7 + 4 = \boxed{}$

5
$8 + 5$
$8 + \boxed{} = 10$
$10 + \boxed{} = \boxed{}$
$8 + 5 = \boxed{}$

1 bis 5: Aufgaben am Zwanzigerfeld legen. Rechenschritte kommentieren. Rechenweg notieren.

Male und rechne.

1 7 + 6

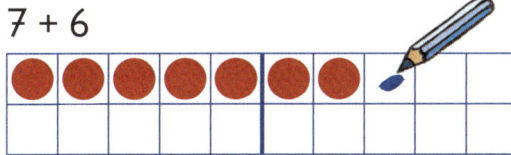

8 + 4

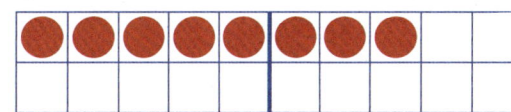

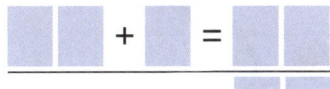

$7 + \boxed{} = 10$

$\boxed{}\boxed{} + \boxed{} = \boxed{}\boxed{}$

$7 + 6 = \boxed{}\boxed{}$

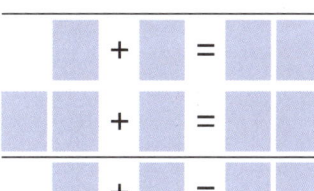

2 8 + 7

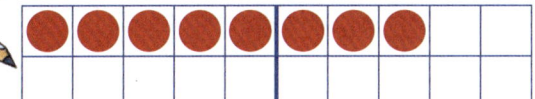

$8 + \boxed{} = \boxed{}\boxed{}$

$\boxed{}\boxed{} + \boxed{} = \boxed{}\boxed{}$

$\boxed{} + \boxed{} = \boxed{}\boxed{}$

9 + 6

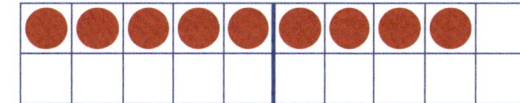

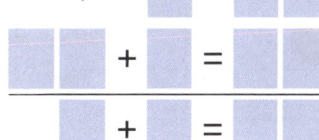

3 4 + 7

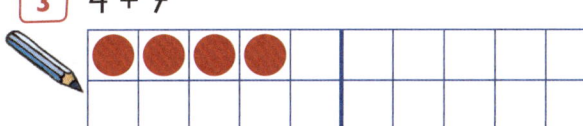

$4 + \boxed{} = \boxed{}\boxed{}$

$\boxed{}\boxed{} + \boxed{} = \boxed{}\boxed{}$

$\boxed{} + \boxed{} = \boxed{}\boxed{}$

8 + 8

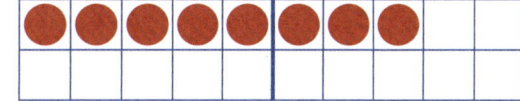

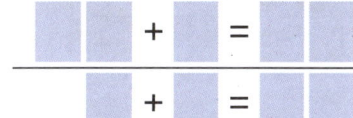

```
11      12      13      14      15      16
```

1 bis 3: Summanden im 20er-Feld darstellen, Aufgaben lösen und mit den Lösungszahlen vergleichen.

Tauschaufgaben

Male und rechne.

1 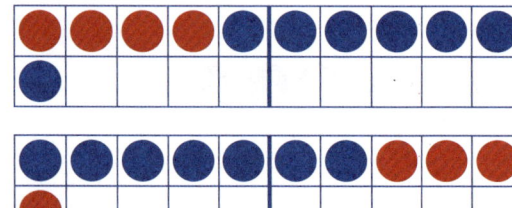 $4 + 7 = 11$

$7 + 4 = 11$

> Die **Summanden** kannst du vertauschen.
> Die **Summe** bleibt gleich.

2

$3 + 8 = \boxed{}\boxed{}$

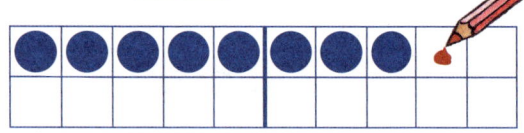

$8 + 3 = \boxed{}\boxed{}$

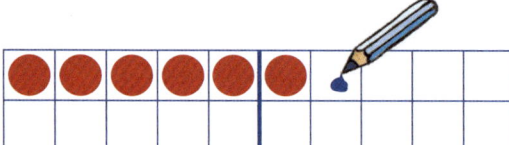

$6 + 9 = \boxed{}\boxed{}$

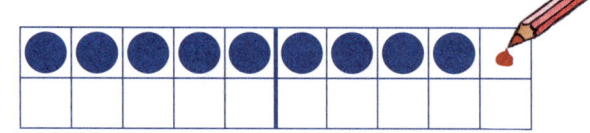

$9 + 6 = \boxed{}\boxed{}$

3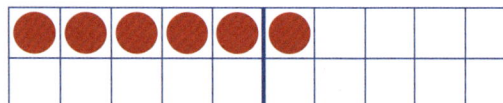

$6 + 8 = \boxed{}\boxed{}$

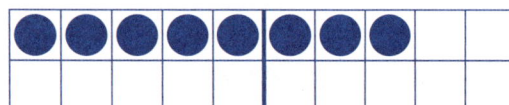

$8 + 6 = \boxed{}\boxed{}$

$4 + 9 = \boxed{}\boxed{}$

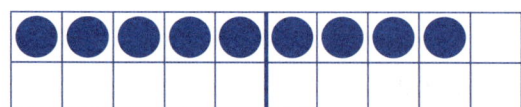

$9 + 4 = \boxed{}\boxed{}$

4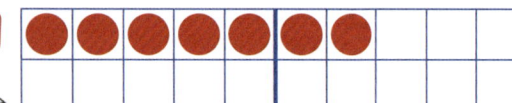

$7 + 9 = \boxed{}\boxed{}$

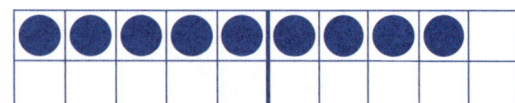

$9 + \boxed{} = \boxed{}\boxed{}$

$3 + 9 = \boxed{}\boxed{}$

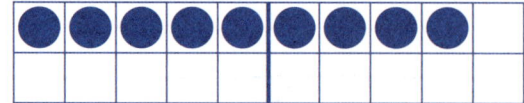

$9 + \boxed{} = \boxed{}\boxed{}$

1 bis 4: Mengen nach Aufgabe und Tauschaufgabe legen, Rechenweg notieren.

1

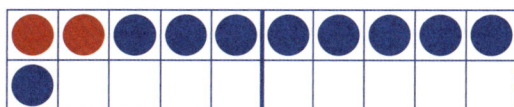

$2 + 9 = $ ☐☐

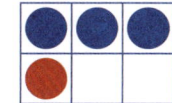

☐ $+$ ☐ $=$ ☐☐

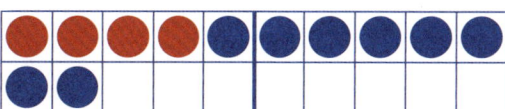

$4 + 8 = $ ☐☐

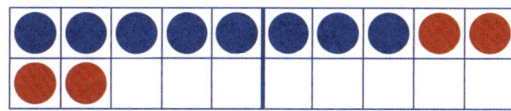

☐ $+$ ☐ $=$ ☐☐

2

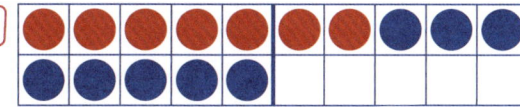

$7 + 8 = $ ☐☐

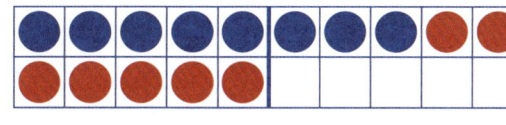

☐ $+$ ☐ $=$ ☐☐

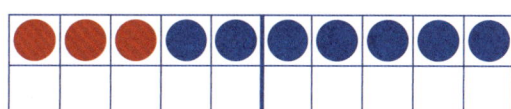

$3 + 7 = $ ☐☐

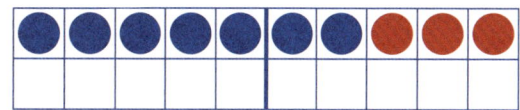

☐ $+$ ☐ $=$ ☐☐

3

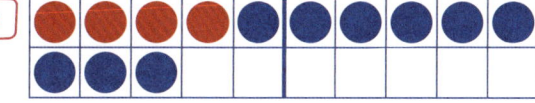

$4 + 9 = $ ☐☐

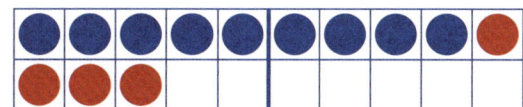

☐ $+$ ☐ $=$ ☐☐

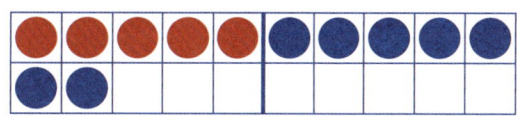

$5 + 7 = $ ☐☐

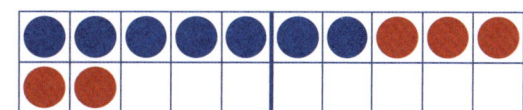

☐ $+$ ☐ $=$ ☐☐

4 **Freundeaufgabe – Würfelt mit 3 Würfeln. Bildet Aufgaben mit  .**

Beispiele:

$5 + 3 + 4 = 12$ $5 + 4 + 3 = $ ☐☐

$3 + 4 + 5 = $ ☐☐ $3 + 5 + 4 = $ ☐☐

$4 + 5 + 3 = $ ☐☐ $4 + 3 + 5 = $ ☐☐

1 bis 3: Tauschaufgaben bilden und lösen.
4: Aufgaben mit den gewürfelten Zahlen bilden. Summanden vertauschen. Hinweis SB 2, Freundeseite 43.

Addieren am Zahlenstrahl

1 6 + 5

6 + ☐ = 10

10 + ☐ = ☐☐

6 + 5 = ☐☐

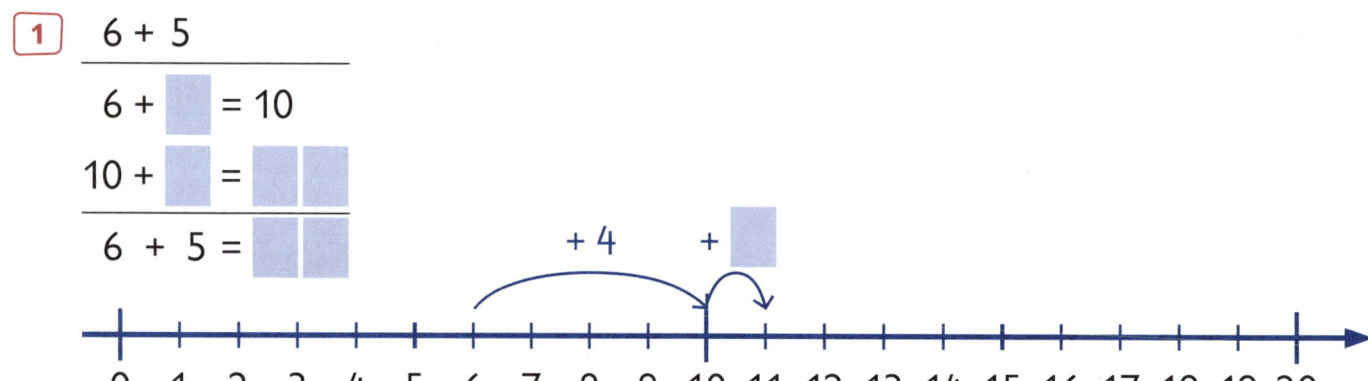

2 5 + 7

5 + ☐ = ☐☐

☐☐ + ☐ = ☐☐

5 + 7 = ☐☐

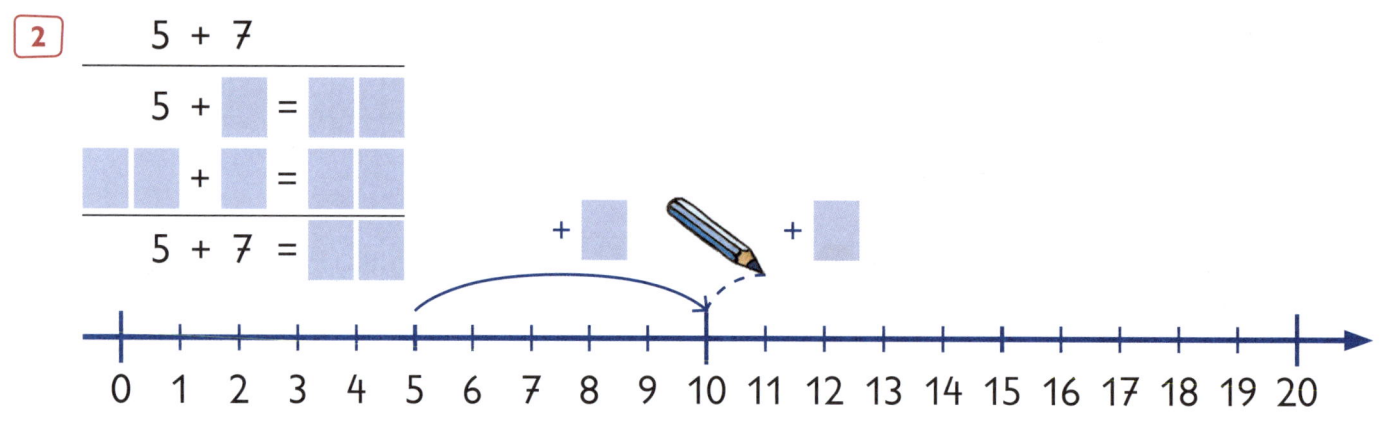

3 8 + 6

8 + ☐ = ☐☐

☐☐ + ☐ = ☐☐

8 + 6 = ☐☐

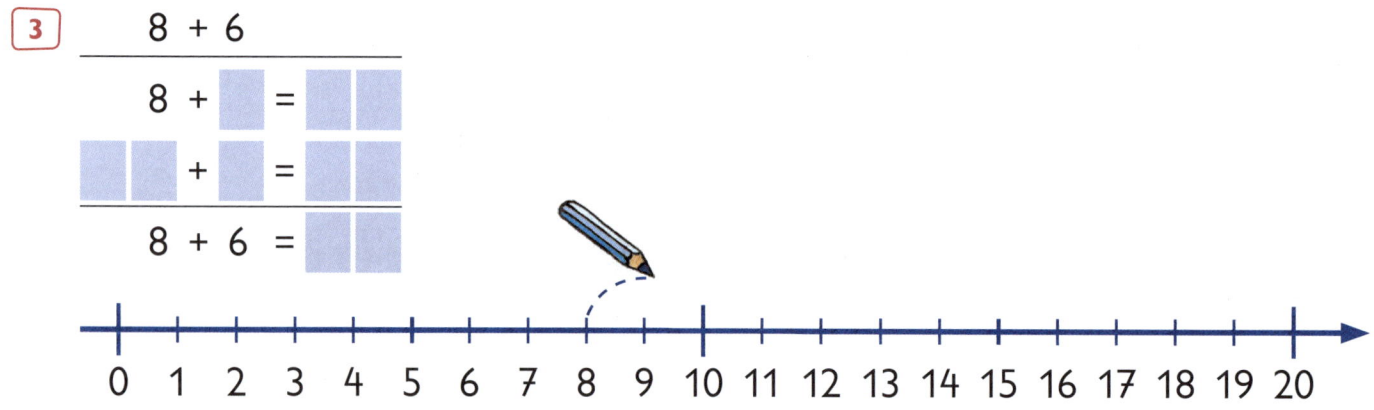

4 Freundeaufgabe – Baut Rechenmauern mit den Grundsteinen:

2   4   5

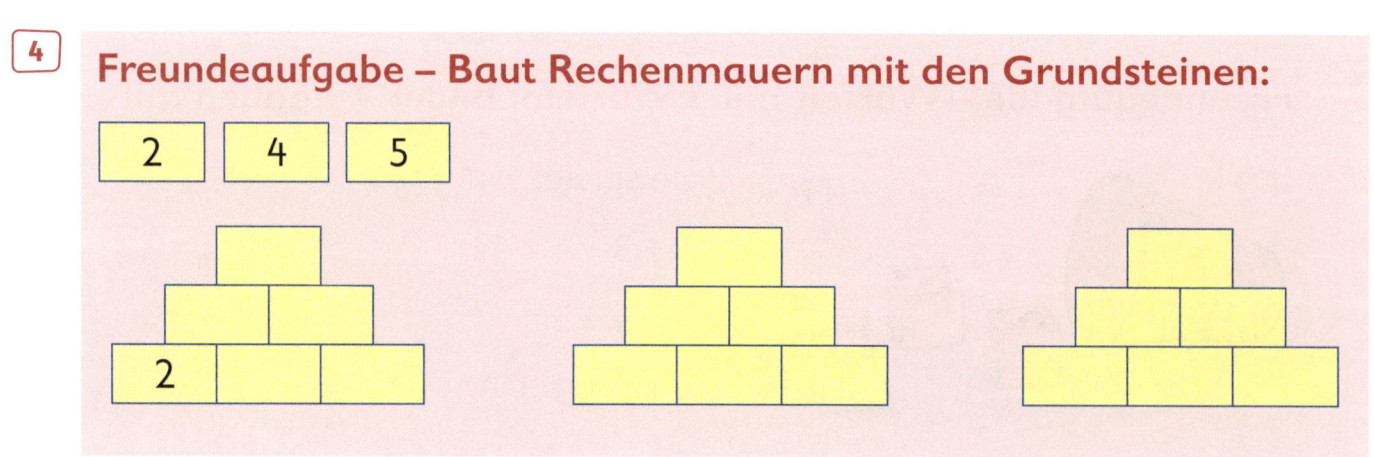

1 bis 3: Rechenweg auf dem Zahlenstrahl darstellen, Aufgaben lösen.
4: Rechenmauern zu den Grundbausteinen finden. Hinweis SB 2, Freundeseite 42.

1   4 + 8
_____

4 + ☐ = 10

10 + ☐ = ☐☐

4 + 8 = ☐☐

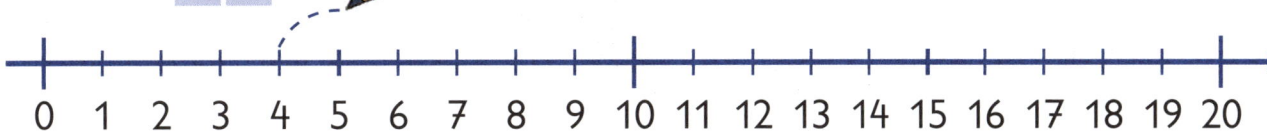

0 1 2 3 4 5 6 7 8 9 10 11 12 13 14 15 16 17 18 19 20

2   7 + 7
_____

7 + ☐ = ☐☐

☐☐ + ☐ = ☐☐

7 + 7 = ☐☐

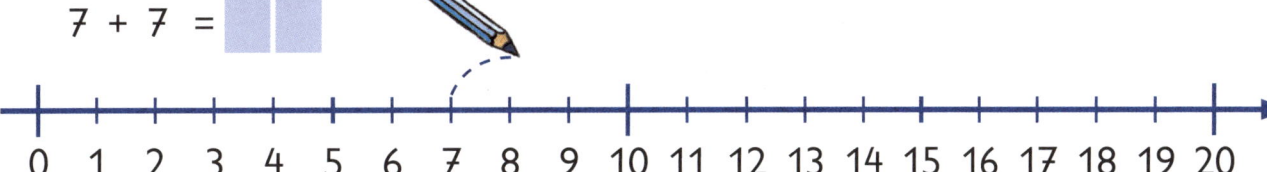

0 1 2 3 4 5 6 7 8 9 10 11 12 13 14 15 16 17 18 19 20

3   8 + 5
_____

8 + ☐ = ☐☐

☐☐ + ☐ = ☐☐

8 + 5 = ☐☐

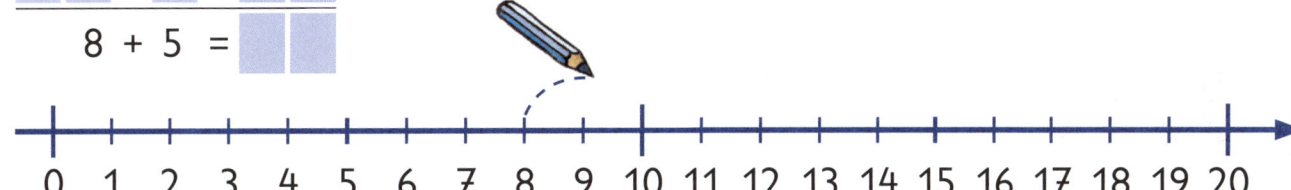

0 1 2 3 4 5 6 7 8 9 10 11 12 13 14 15 16 17 18 19 20

4   **Freundeaufgabe – Bildet Aufgaben mit ➕.**

a) Das Ergebnis ist 10.

6   4

6 + 4 = 10

b) Das Ergebnis ist größer als 10.

8   5

8 + 5 = 13

1 bis 3: Rechenweg auf dem Zahlenstrahl darstellen, Aufgaben lösen.
4: Aufgaben nach Vorgabe bilden. Jeder Lernpartner nennt einen Summanden. Hinweis SB 2, Freundeseite 42.

Subtrahieren mit Zehnerübergang

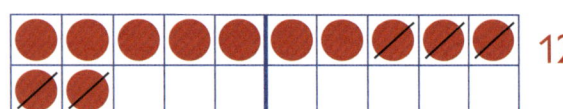 $12 - 5 = \boxed{}$

12 – 5
  2 + 3
12 – 2 | = 10
10 – 3 = 7
―――――――
12 – 5 = 7

Rechne so:

○ Zerlege die zweite Zahl.

○ Rechne 12 – 2 = 10

○ Rechne dann 10 – 3 = 7

Schreibe so:

12 – 5
――――
12 – 2 = 10
10 – 3 = 7
――――
12 – 5 = 7

1 Lege erst, rechne dann.

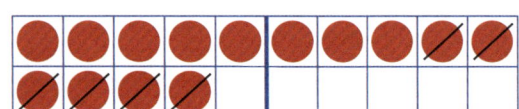

14 – 6
――――
14 – 4 = $\boxed{}$ $\boxed{}$
10 – 2 = $\boxed{}$
――――
14 – 6 = $\boxed{}$

2

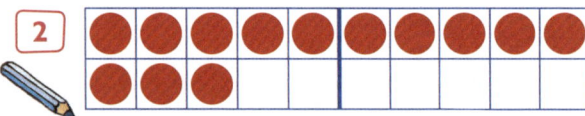

13 – 6
――――
13 – 3 = 10
10 – 3 = $\boxed{}$
――――
13 – 6 = $\boxed{}$

16 – 7
――――
16 – $\boxed{}$ = 10
10 – $\boxed{}$ = $\boxed{}$
――――
16 – 7 = $\boxed{}$

1, 2: Aufgaben am Zwanzigerfeld legen. Rechenschritte kommentieren und am Zahlenstrahl zeigen, Rechenweg notieren.

Streiche ab und rechne.

1
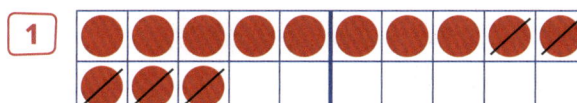

13 − 5

13 − ☐ = ☐ ☐

☐ ☐ − ☐ = ☐

13 − 5 = ☐

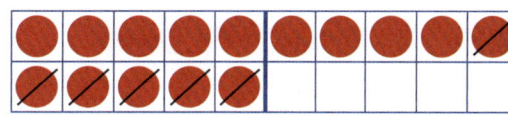

15 − 6

15 − ☐ = ☐ ☐

☐ ☐ − ☐ = ☐

15 − 6 = ☐

2

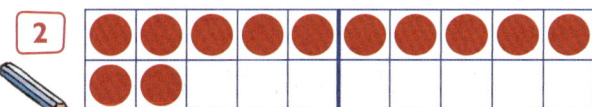

12 − 6

12 − ☐ = ☐ ☐

☐ ☐ − ☐ = ☐

12 − 6 = ☐

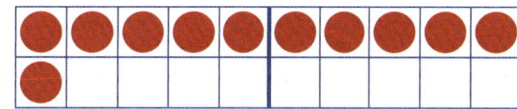

11 − 4

11 − ☐ = ☐ ☐

☐ ☐ − ☐ = ☐

11 − 4 = ☐

3

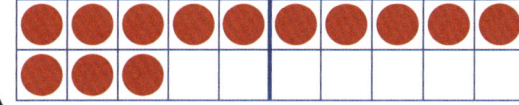

13 − 8

13 − ☐ = ☐ ☐

☐ ☐ − ☐ = ☐

13 − 8 = ☐

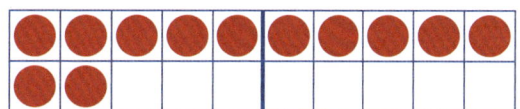

12 − 8

12 − ☐ = ☐ ☐

☐ ☐ − ☐ = ☐

12 − 8 = ☐

4
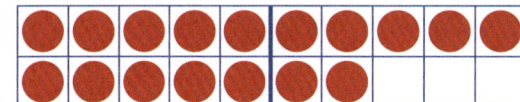

17 − 9

17 − ☐ = ☐ ☐

☐ ☐ − ☐ = ☐

17 − 9 = ☐

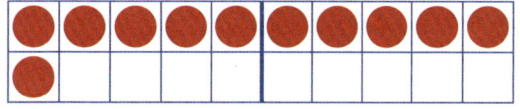

11 − 6

11 − ☐ = ☐ ☐

☐ ☐ − ☐ = ☐

11 − 6 = ☐

1 bis 4: Subtraktionsaufgaben im 20er–Feld darstellen, Aufgaben lösen.

27

Streiche ab und rechne.

 1

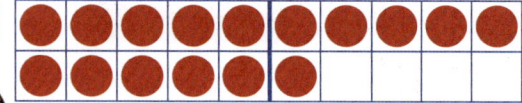

$$16 - 8$$

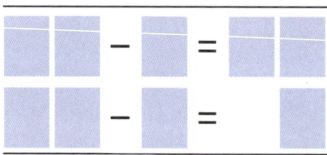

$$16 - 8 = \boxed{}$$

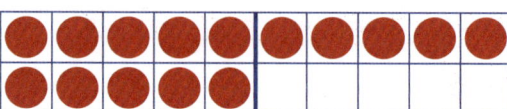

$$15 - 8$$

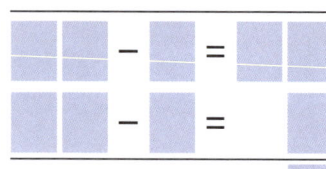

$$15 - 8 = \boxed{}$$

 **2**

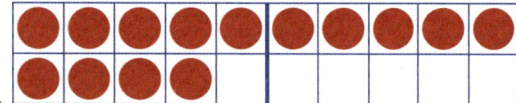

$$14 - 7$$

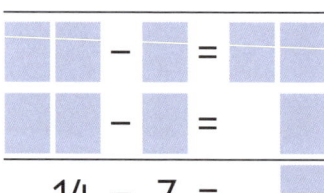

$$14 - 7 = \boxed{}$$

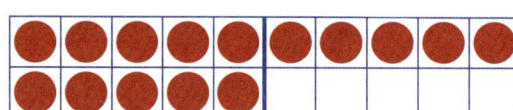

$$15 - 7$$

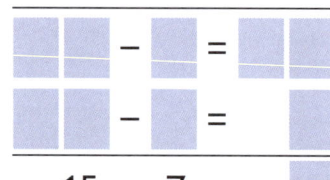

$$15 - 7 = \boxed{}$$

 **3**

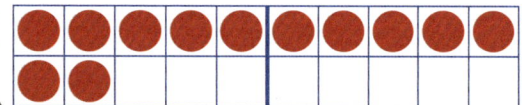

$$12 - 7$$

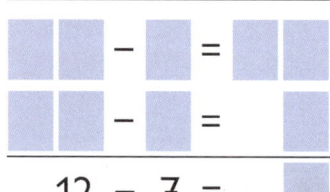

$$12 - 7 = \boxed{}$$

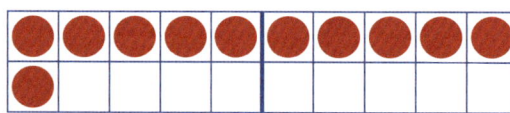

$$11 - 7$$

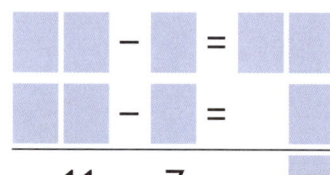

$$11 - 7 = \boxed{}$$

4

$$13 - 7$$

$$13 - 7 = \boxed{}$$

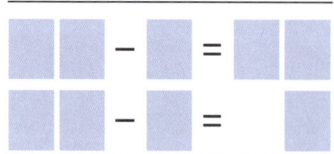

$$12 - 4$$

$$12 - 4 = \boxed{}$$

1 bis 3: Subtrahenden durch Abstreichen darstellen.   4: Aufgaben lösen.

1

13 − 4 = ☐   12 − 5 = ☐   14 − 6 = ☐

☐☐ − 4 = ☐   ☐☐ − 5 = ☐   ☐☐ − 6 = ☐

☐☐ − 4 = ☐☐   ☐☐ − 5 = ☐   ☐☐ − 6 = ☐

☐☐ − 4 = ☐   ☐☐ − 5 = ☐☐   ☐☐ − 6 = ☐

2

11 − 6 = ☐   16 − 7 = ☐   15 − 8 = ☐

☐☐ − 6 = ☐   ☐☐ − 7 = ☐   ☐☐ − 8 = ☐

☐☐ − 6 = ☐   ☐☐ − 7 = ☐   ☐☐ − 8 = ☐☐

☐☐ − 6 = ☐☐   ☐☐ − 7 = ☐   ☐☐ − 8 = ☐☐

3 Färbe.

15 − 6	13 − 6	15 − 7	14 − 8
11 − 5	13 − 4	14 − 7	14 − 6
16 − 9	13 − 5	12 − 6	18 − 9

Subtrahieren am Zahlenstrahl

1 | 14 − 6

14 − ▢ = 10

10 − ▢ = ▢

14 − 6 = ▢

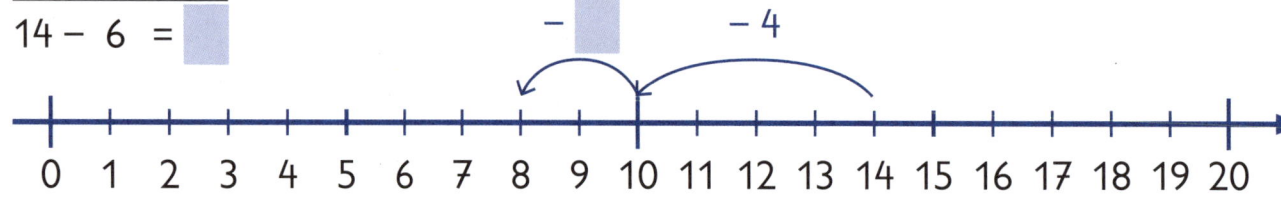

0 1 2 3 4 5 6 7 8 9 10 11 12 13 14 15 16 17 18 19 20

2 | 13 − 6

13 − ▢ = 10

10 − ▢ = ▢

13 − 6 = ▢

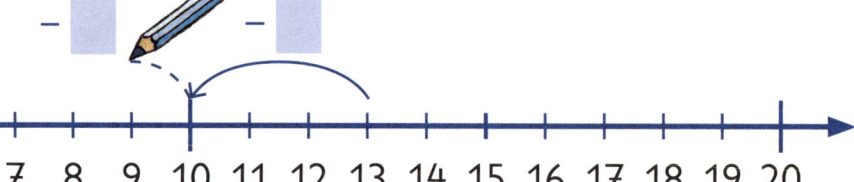

0 1 2 3 4 5 6 7 8 9 10 11 12 13 14 15 16 17 18 19 20

3 | 15 − 7

15 − ▢ = ▢▢

▢▢ − ▢ = ▢

15 − 7 = ▢

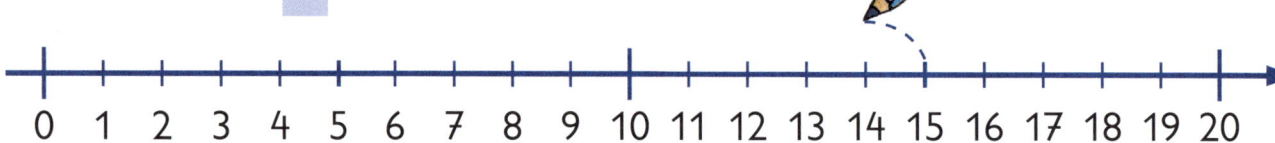

0 1 2 3 4 5 6 7 8 9 10 11 12 13 14 15 16 17 18 19 20

4 | 12 − 6

12 − ▢ = ▢▢

▢▢ − ▢ = ▢

12 − 6 = ▢

0 1 2 3 4 5 6 7 8 9 10 11 12 13 14 15 16 17 18 19 20

1 bis 4: Rechenweg auf dem Zahlenstrahl darstellen, Aufgaben lösen.

1   13 − 5

13 − ☐ = ☐ ☐

☐ ☐ − ☐ = ☐

13 − 5 = ☐

0 1 2 3 4 5 6 7 8 9 10 11 12 13 14 15 16 17 18 19 20

2   12 − 7

12 − ☐ = ☐ ☐

☐ ☐ − ☐ = ☐

12 − 7 = ☐

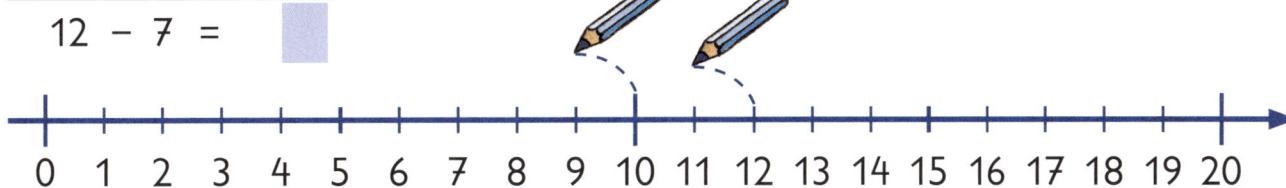

0 1 2 3 4 5 6 7 8 9 10 11 12 13 14 15 16 17 18 19 20

3   15 − 6

15 − ☐ = ☐ ☐

☐ ☐ − ☐ = ☐

15 − 6 = ☐

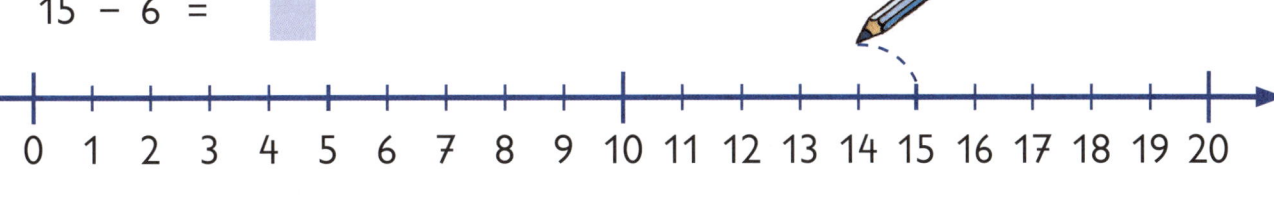

0 1 2 3 4 5 6 7 8 9 10 11 12 13 14 15 16 17 18 19 20

4   14 − 8

14 − ☐ = ☐ ☐

☐ ☐ − ☐ = ☐

14 − 8 = ☐

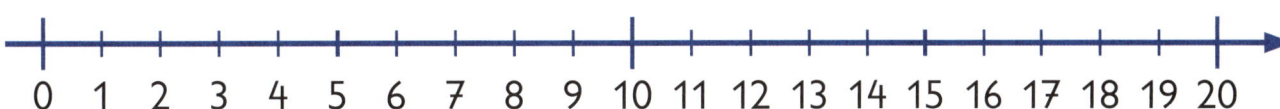

0 1 2 3 4 5 6 7 8 9 10 11 12 13 14 15 16 17 18 19 20

1 bis 4: Rechenweg auf dem Zahlenstrahl darstellen, Aufgabe lösen.

Umkehraufgaben

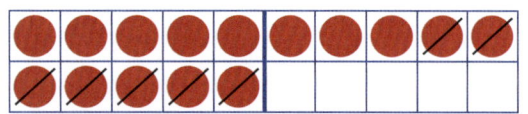

$15 - 7 = 8$

$8 + 7 = 15$

Umkehr-aufgaben

Male und rechne.

 **1** a)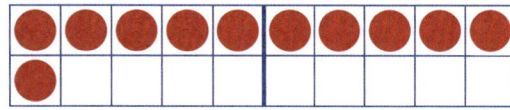

$11 - 3 = \boxed{}$

$\boxed{} + 3 = 11$

b)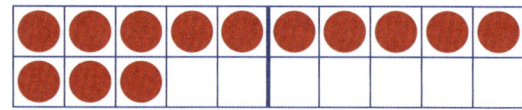

$13 - 4 = \boxed{}$

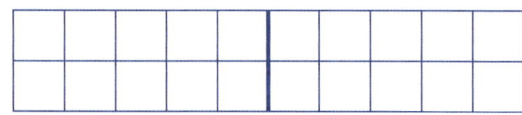

$\boxed{} + 4 = 13$

 **2** a)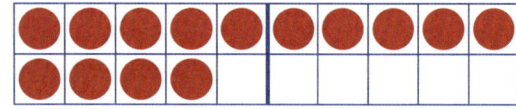

$14 - 6 = \boxed{}$

$\boxed{} + 6 = 14$

b)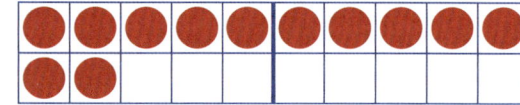

$12 - 6 = \boxed{}$

$\boxed{} + 6 = 12$

 **3** a)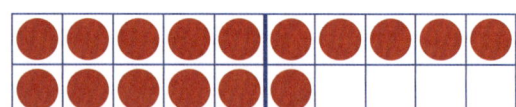

$16 - 7 = \boxed{}$

$\boxed{} + 7 = 16$

b)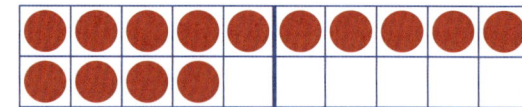

$14 - 7 = \boxed{}$

$\boxed{} + 7 = 14$

1 bis 3: Subtrahenden durch Abstreichen darstellen, Aufgaben lösen, Umkehraufgaben bilden und lösen.

1 a)

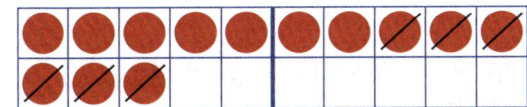

13 − 6 = ▢

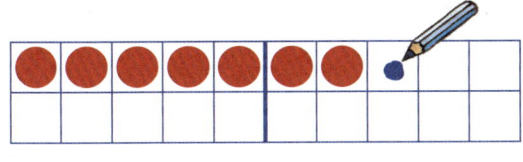

▢ + 6 = 13

b)

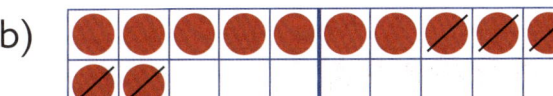

12 − 5 = ▢

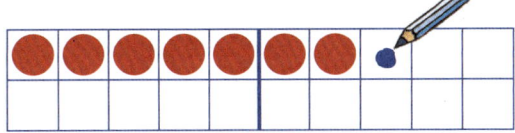

▢ + 5 = 12

2 a)

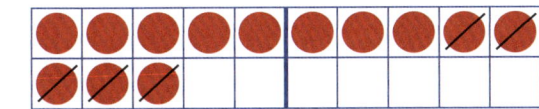

13 − 5 = ▢

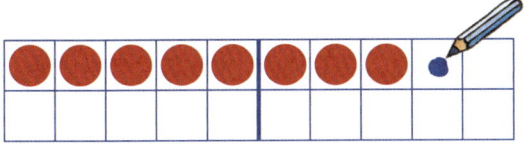

▢ + 5 = 13

b)

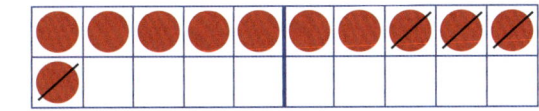

11 − 4 = ▢

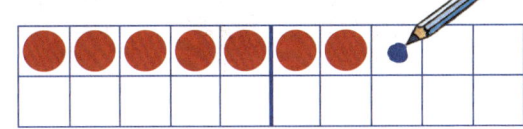

▢ + 4 = 11

3 a) 12 − 4 = 8   15 − 6 = 9   11 − 8 = ▢

    8 + 4 = ▢▢   ▢ + 6 = ▢▢   ▢ + ▢ = ▢▢

b) 17 − 9 = ▢   14 − 5 = ▢   12 − 6 = ▢

    8 + ▢ = ▢▢   ▢ + ▢ = ▢▢   ▢ + ▢ = ▢▢

c) 15 − 7 = ▢   13 − 6 = ▢   14 − 8 = ▢

    ▢ + ▢ = ▢▢   ▢ + ▢ = ▢▢   ▢ + ▢ = ▢▢

d) 16 − 8 = ▢   18 − 9 = ▢   14 − 7 = ▢

    8 + ▢ = ▢▢   ▢ + ▢ = ▢▢   ▢ + ▢ = ▢▢

Aufgabenfamilien

 7 + 5 = 12

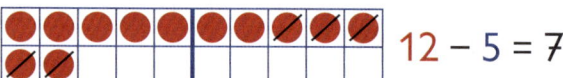 12 − 5 = 7

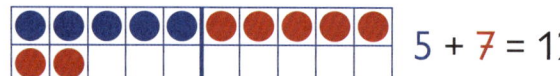 5 + 7 = 12

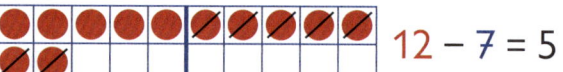 12 − 7 = 5

---

1 a)  **8**  **4** **12**

8 + 4 = 12	12 − 4 = ☐
☐ + ☐ = ☐☐	☐☐ − ☐ = ☐

b)  **9** **4** **13**

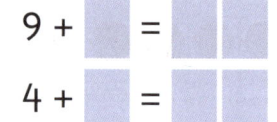

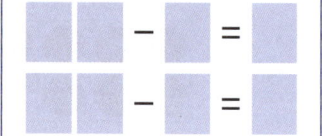

---

2 a) **9** **2** **11**

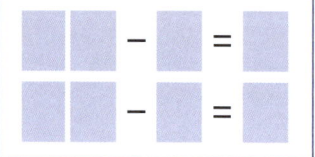

b) **8** **3** **11**

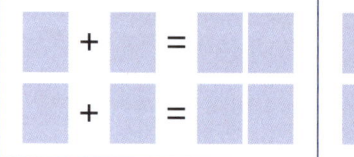

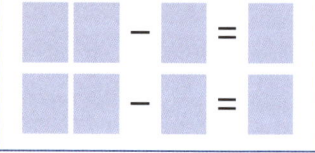

---

3 a)  **7**  **8**  **15**

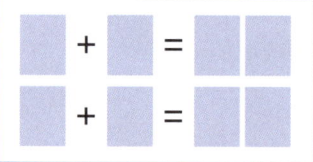

b)  **5**  **8** **13**

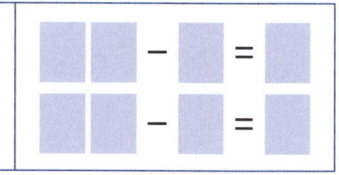

---

4 a) **6** **5** **11**

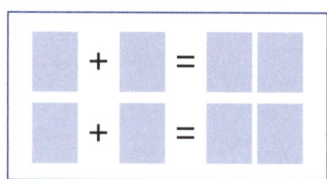

b) **5**  **9** **14**

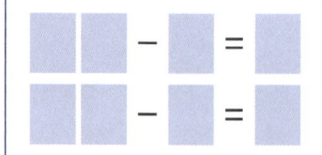

---

1 bis 4: Aufgabenfamilien bilden und lösen.

1 a)    **b)**

☐ + ☐ = ☐☐   ☐☐ − ☐ = ☐☐
☐ + ☐ = ☐☐   ☐☐ − ☐ = ☐

☐ + ☐ = ☐☐   ☐☐ − ☐ = ☐☐
☐ + ☐ = ☐☐   ☐☐ − ☐ = ☐☐

2 a)    **b)**

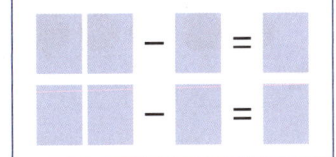 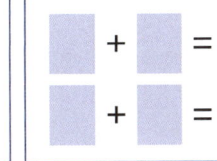 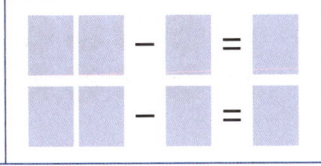

3 a)   **b)**

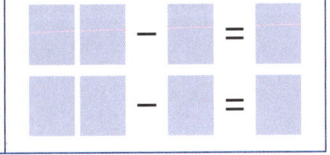 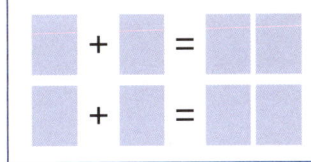 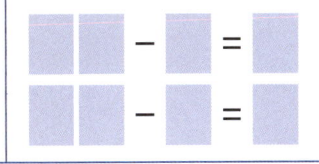

4 a)    **b)**

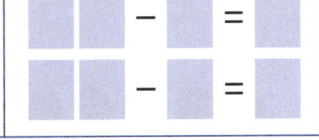 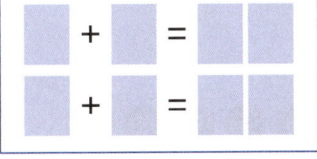 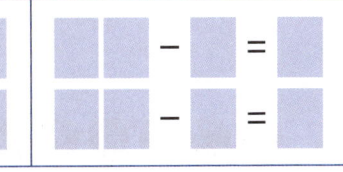

5 a)   **b)**

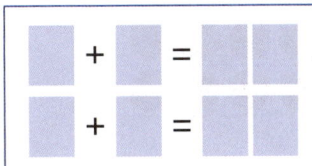 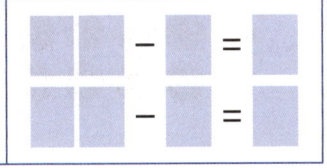

1: Aufgabenfamilien bilden und lösen.   2 bis 5: Zahl ergänzen, Aufgabenfamilien bilden und lösen.

Übungen zur Addition und Subtraktion

1 Verdoppeln.

4 + ☐ = ☐   5 + ☐ = ☐☐   ☐ + ☐ = ☐

2 Verdoppeln.

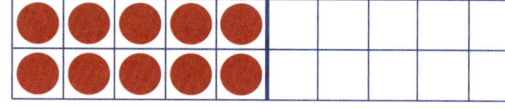

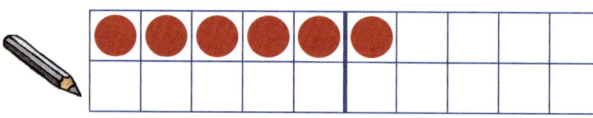

5 + 5 = ☐☐   ☐ + ☐ = ☐☐

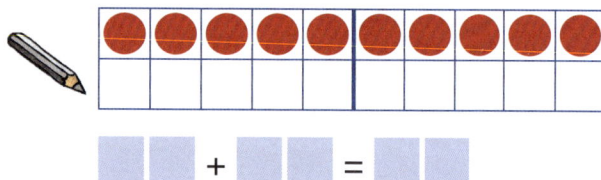

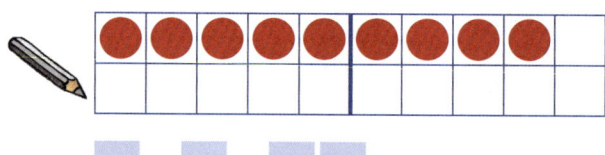

☐☐ + ☐☐ = ☐☐   ☐ + ☐ = ☐☐

3 Halbieren.

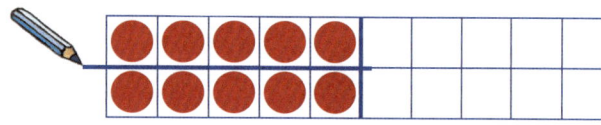

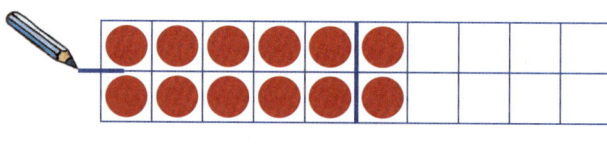

10 = ☐ + ☐   ☐☐ = ☐ + ☐

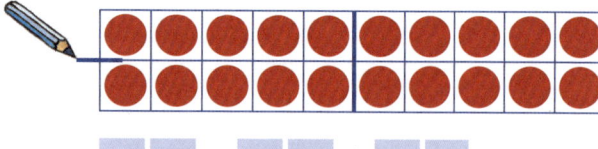

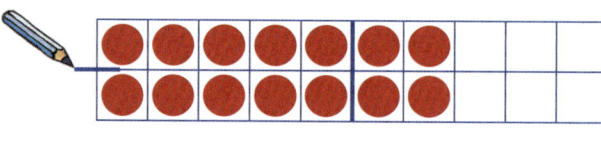

☐☐ = ☐☐ + ☐☐   ☐☐ = ☐ + ☐

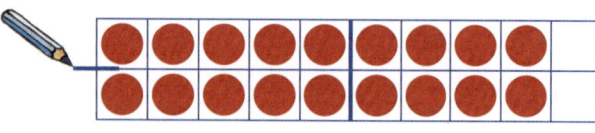

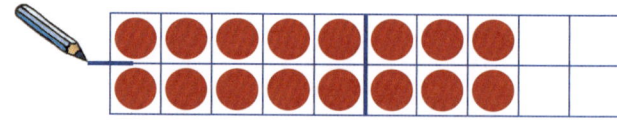

☐☐ = ☐ + ☐   ☐☐ = ☐ + ☐

1: Verdopplung erfassen, Aufgaben finden.   2: Doppelte Anzahl zeichnen. Aufgabe zuordnen.
3: Halbieren erfassen, Aufgabe finden.

1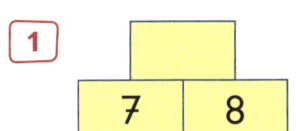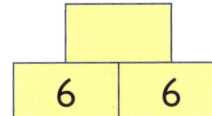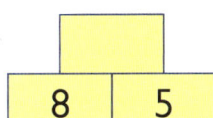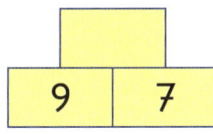

2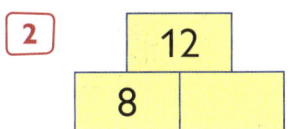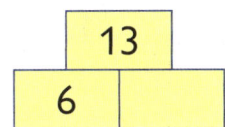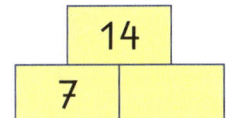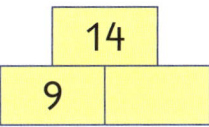

3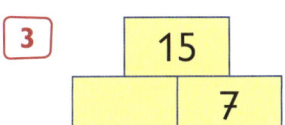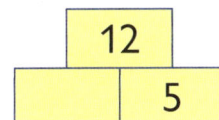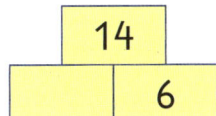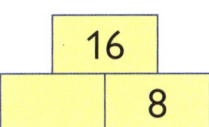

4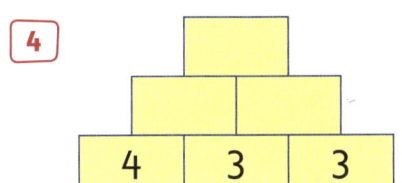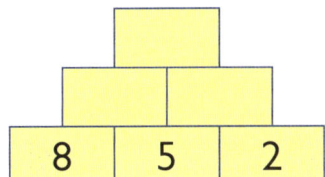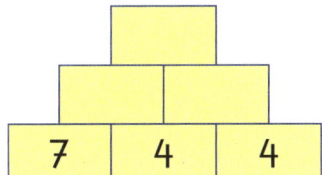

5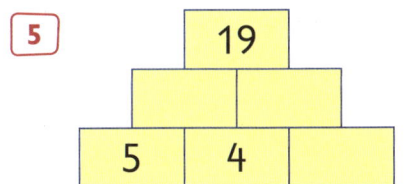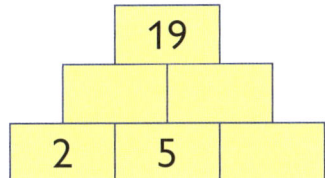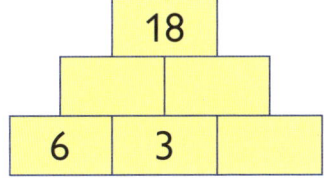

6

Freundeaufgabe – Nennt das Doppelte.

Die Zahl 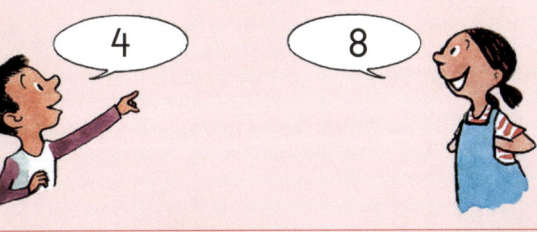 Das Doppelte

Der Geldbetrag 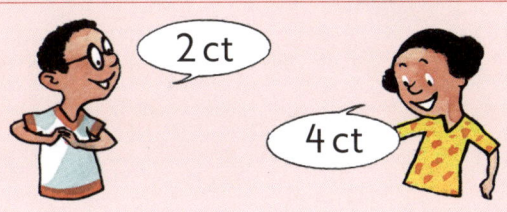 Das Doppelte

1 bis 5: Rechenmauern lösen. 6: Das Doppelte nennen. Ein Kind nennt eine Zahl / einen Geldbetrag, der Lernpartner nennt das Doppelte. Hinweis SB 2, Seite 88.

37

1 Ich kaufe.

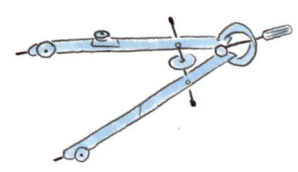 

☐ € + ☐ € = ☐☐ €

☐ € + ☐ € = ☐☐ €

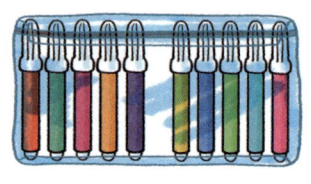 

☐ € + ☐ € = ☐ €

 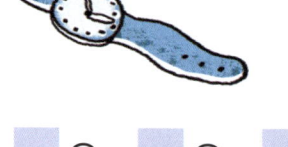 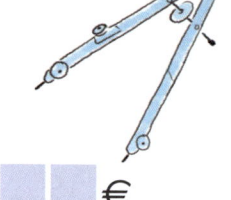

☐ € + ☐ € = ☐☐ €

2

7 ct + 5 ct = ☐☐ ct	13 € − 6 € = ☐ €	11 € − 5 € = ☐ €
8 ct + 6 ct = ☐☐ ct	12 € − 7 € = ☐ €	8 € + 7 € = ☐☐ €
4 ct + 7 ct = ☐☐ ct	11 € − 8 € = ☐ €	14 € − 7 € = ☐ €

3 Finde die beiden Lösungswörter.

7 + 6 = ☐☐	8 + 7 = ☐☐
14 − 5 = ☐☐	17 − 8 = ☐☐
15 − 7 = ☐☐	7 + 5 = ☐☐
13 − 5 = ☐☐	8 + 8 = ☐☐
9 + 5 = ☐☐	19 − 5 = ☐☐

N	O	L	S	E	W	K
8	9	12	13	14	15	16

 ,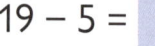

1, 2: Mit Geldwerten rechnen.   3: Jeweils Lösungswort finden und zur Kontrolle der Aufgaben nutzen.

1 a)  b)  c)

5 + 5 = ☐☐

☐ + ☐ = ☐☐ ☐ + ☐ = ☐☐ ☐☐ − ☐ = ☐☐

☐ + ☐ = ☐☐ ☐ + ☐ = ☐☐ ☐☐ − ☐ = ☐☐

☐ + ☐ = ☐☐ ☐ + ☐ = ☐☐ ☐☐ − ☐ = ☐☐

☐ + ☐ = ☐☐ ☐ + ☐ = ☐☐ ☐☐ − ☐ = ☐☐

☐ + ☐ = ☐☐ ☐ + ☐ = ☐☐ ☐☐ − ☐ = ☐☐

2
6 + 6 = ☐☐   7 + 7 = ☐☐   8 + 8 = ☐☐

6 + 7 = ☐☐   7 + 8 = ☐☐   8 + 9 = ☐☐

6 + 8 = ☐☐   7 + 9 = ☐☐   9 + 8 = ☐☐

6 + 9 = ☐☐   7 + 0 = ☐   9 + 9 = ☐☐

3
12 − 3 = ☐   13 − 4 = ☐   14 − 5 = ☐

12 − 4 = ☐   13 − 5 = ☐   14 − 6 = ☐

12 − 5 = ☐   13 − 6 = ☐   14 − 7 = ☐

12 − 6 = ☐   13 − 7 = ☐   14 − 8 = ☐

4 Färbe.

| 16 − 7 | 13 − 5 | 8 + 6 | 14 − 5 | 8 + 5 |

| **8** | **9** | **13** | **14** |

| 7 + 6 | 14 − 5 | 12 − 4 | 13 − 4 | 7 + 7 | 18 − 9 |

1: Rechnen nach Vorschrift.   2, 3: Rechenvorteil erfassen und anwenden.
4: Aufgabe und Lösung zuordnen und färben.

Gleichungen

6 + 2   8

6 + 2 = 8

8   5 + 3

8 = 5 + 3

1 5 + 4 = ☐   1 + 6 = ☐

    7 + 2 = ☐   4 + 3 = ☐

7 ☐ = 4 + 4   ☐ = 1 + 8

    ☐ = 2 + 5   ☐ = 3 + 7

2 13 + 6 = ☐   14 + 6 = ☐

    17 + 2 = ☐   15 + 5 = ☐

8 ☐ = 12 + 4   ☐ = 11 + 6

    ☐ = 14 + 5   ☐ = 15 + 5

3 9 + 5 = ☐   8 + 6 = ☐

    7 + 7 = ☐   9 + 8 = ☐

9 ☐ = 6 + 6   ☐ = 8 + 4

    ☐ = 7 + 4   ☐ = 9 + 9

4 8 − 3 = ☐   9 − 7 = ☐

    6 − 5 = ☐   7 − 4 = ☐

10 ☐ = 8 − 4   ☐ = 7 − 2

    ☐ = 5 − 3   ☐ = 6 − 4

5 17 − 5 = ☐   18 − 6 = ☐

    20 − 2 = ☐   17 − 4 = ☐

11 ☐ = 14 − 2   ☐ = 16 − 6

    ☐ = 19 − 3   ☐ = 15 − 4

6 14 − 5 = ☐   17 − 9 = ☐

    11 − 7 = ☐   16 − 8 = ☐

12 ☐ = 11 − 6   ☐ = 18 − 9

    ☐ = 14 − 7   ☐ = 15 − 9

1 bis 12: Aufgaben lösen, Platzhalter mit Zahlen belegen.

Ungleichungen

$8 - 2$ 8

$$8 - 2 < 8$$

8 $8 - 3$

$$8 > 8 - 3$$

1 $2 + 4$ ⬤ 8 $6 - 6$ ⬤ 1
     $6 + 1$ ⬤ 5 $9 - 4$ ⬤ 6

6 7 ⬤ $5 + 5$ 9 ⬤ $7 - 2$
     10 ⬤ $2 + 7$ 3 ⬤ $5 - 3$

2 $5 + 3$ ⬤ 7 $8 - 6$ ⬤ 3
     $2 + 6$ ⬤ 9 $9 - 4$ ⬤ 6

7 8 ⬤ $5 + 4$ 18 ⬤ $20 - 3$
     10 ⬤ $2 + 7$ 15 ⬤ $19 - 5$

3 $4 + 3$ ⬤ 6 $8 - 3$ ⬤ 4
     $5 + 4$ ⬤ 8 $8 - 8$ ⬤ 1

8 14 ⬤ $9 + 4$ 9 ⬤ $18 - 7$
     10 ⬤ $8 + 3$ 9 ⬤ $19 - 8$

4 $12 + 4$ ⬤ 16 $18 - 7$ ⬤ 11
     $17 + 2$ ⬤ 20 $18 - 5$ ⬤ 14

9 17 ⬤ $12 + 3$ 19 ⬤ $20 - 2$
     18 ⬤ $14 + 6$ 20 ⬤ $20 - 0$

5 $7 + 6$ ⬤ 14 $19 - 3$ ⬤ 17
     $8 + 7$ ⬤ 13 $18 - 7$ ⬤ 14

10 20 ⬤ $19 + 1$ 15 ⬤ $19 - 9$
     12 ⬤ $3 + 9$ 18 ⬤ $19 - 4$

Sachaufgaben – Besondere Wörter für Plus (+)

1 In der Vase sind 6 Rosen.

Ben steckt 4 Rosen dazu.

Wie viele Rosen sind es insgesamt?

■ ● ■ = ■ ■

Antwort: _____

2 Anna hat 9 Sticker.

Max hat 3 Sticker mehr.

Wie viele Sticker hat Max?

■ ● ■ = ■ ■

Antwort: _____

3 Tom hat 8 Ballons. Lisa hat 5 Ballons.

Wie viele Ballons haben die Kinder

zusammen?

■ ● ■ = ■ ■

Antwort: _____

4 Max hat 4 Bälle.

Nina hat doppelt so viele.

Wie viele Bälle haben sie

zusammen?

■ ● ■ = ■ ■

Antwort: _____

1 bis 4: Inhalt erfassen. „Besondere" Wörter finden. Aufgabe bilden und lösen. Im Satz antworten.

Sachaufgaben – Besondere Wörter für Minus (–)

weniger · übrig · minus · die Hälfte · weg

1 Auf dem Tisch lagen 11 Äpfel.

Ben nimmt 4 Äpfel weg.

Wie viele Äpfel sind noch auf dem

Tisch?

■ ■ ● ■ = ■

Antwort: _____

2 Lisa hat 13 Bücher.

Max hat 5 Bücher weniger.

Wie viele Bücher hat Max?

■ ■ ● ■ = ■

Antwort: _____

3 Anna hat 14 Bonbons. Die Hälfte

davon will sie verschenken.

Wie viele Bonbons bleiben übrig?

■ ■ ● ● = ■

Antwort: _____

4 Auf einer Wiese waren 12 Spatzen.

Es fliegen 6 Spatzen weg.

Wie viele Spatzen sind noch da?

■ ■ ● ■ = ■

Antwort: _____

1 bis 4: Inhalt erfassen. „Besondere" Wörter finden. Aufgabe bilden und lösen. Im Satz antworten.

43

Kann ich das schon?

1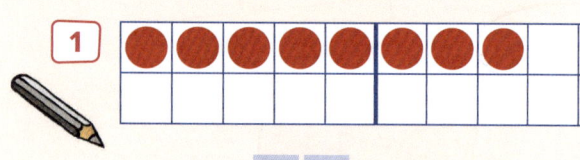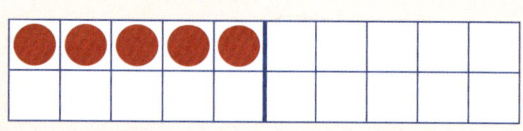

8 + 6 = ▢▢   5 + 7 = ▢▢

2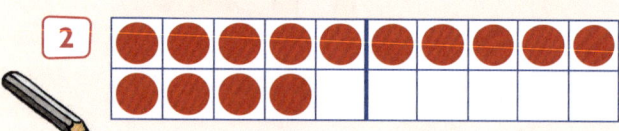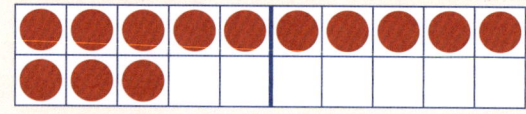

14 − 6 = ▢   13 − 7 = ▢

3

9 + 6 = ▢▢   15 − 7 = ▢   6 + 7 = ▢▢

9 + 5 = ▢▢   12 − 6 = ▢   13 − 5 = ▢

7 + 7 = ▢▢   14 − 8 = ▢   7 + 8 = ▢▢

6 + 5 = ▢▢   15 − 6 = ▢   11 − 6 = ▢

4

7	5

13	
	8

14	
	6

15	
	7

5

+	3	4	5	7
8				

−	3	4	5	6
12				

6

   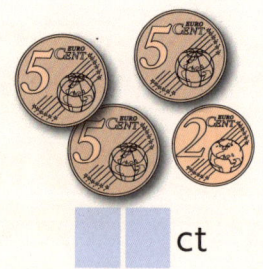      

▢▢ ct   ▢▢ ct   ▢▢ ct   ▢ ct

7

14 ct + 6 ct = ▢▢ ct   19 € − 5 € = ▢▢ €   13 € − 5 € = ▢ €

12 ct + 5 ct = ▢▢ ct   18 € − 6 € = ▢▢ €   8 € + 6 € = ▢▢ €

17 ct + 3 ct = ▢▢ ct   20 € − 8 € = ▢▢ €   14 € − 7 € = ▢ €

9 ct + 7 ct = ▢▢ ct   20 € − 7 € = ▢▢ €   7 € + 4 € = ▢▢ €

1

Zahl		5	6	7	8
Das Doppelte					

Zahl		8	14	18	20
Die Hälfte					

2 a) ⑧ ⑦ ⑮

b) ⑥ ⑧ ⑭

8 + 7 = ☐☐   15 − 7 = ☐

☐ + ☐ = ☐☐   ☐☐ − ☐ = ☐

☐ + ☐ = ☐☐   ☐☐ − ☐ = ☐

☐ + ☐ = ☐☐   ☐☐ − ☐ = ☐

3 Schreibe den Bauplan.

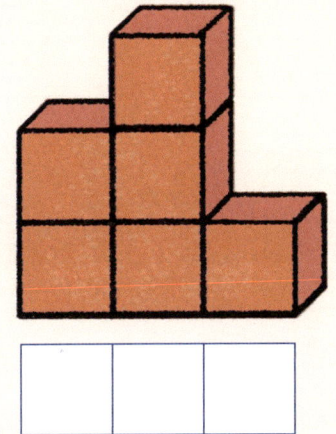

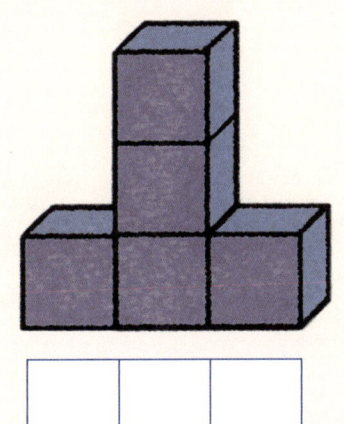

4 Anna hat 11 Buntstifte.

Max hat 4 Buntstifte weniger.

Wie viele Buntstifte hat Max?

5 In einer Schale liegen 6 Birnen.

Tom legt 5 Birnen dazu.

Wie viele Birnen liegen jetzt

in der Schale?

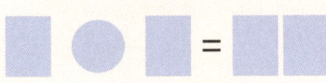

Strecken

1 Wie lang sind die Strecken?

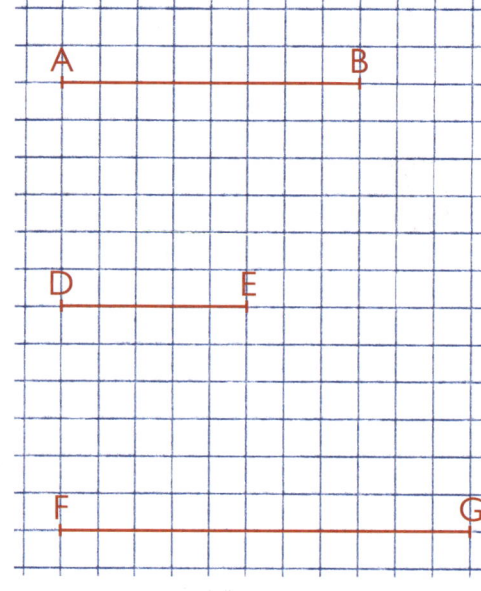

Strecke	Kästchen
$\overline{AB}$	8
$\overline{DE}$	
$\overline{FG}$	

2 Vergleiche die Strecken.

$\overline{AB}$ ist _____ $\overline{DE}$.

$\overline{AB}$ ist _____ $\overline{FG}$.

$\overline{DE}$ ist _____ $\overline{AB}$. $\overline{FG}$ ist _____ $\overline{DE}$.

$\overline{DE}$ ist _____ $\overline{FG}$. $\overline{FG}$ ist _____ $\overline{AB}$.

Wähle aus:

◯ länger als   ◯ kürzer als

3 Welche Strecken sind gleich lang?

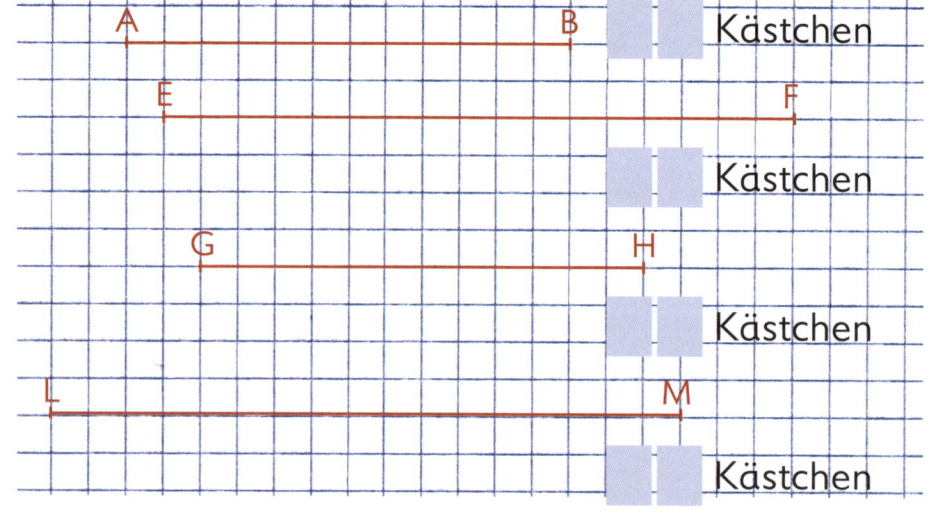

Kästchen

Kästchen

Kästchen

Kästchen

$\overline{AB}$ und  sind

gleich lang.

und

sind gleich lang.

1: Länge der Strecken mit Kästchen angeben.   2: Länge der Strecken vergleichen.   3: Gleich lange Strecken bestimmen.

Schätzen und Messen

1 Fingerbreite	geschätzt	gemessen
Schülerheft		
Federtasche		
Federhalter		
Farbstift		

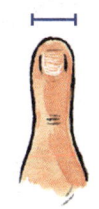

2 Handspanne	geschätzt	gemessen
Tischlänge		
Schultasche		
Fensterbrett		
Schülerbuch		

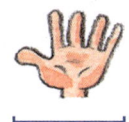

3 Armspanne	geschätzt	gemessen
Zimmerbreite		
Tafellänge		

4 Fuß	geschätzt	gemessen
Türbreite		
Schrankbreite		

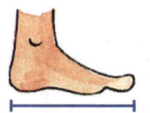

5 Schritt	geschätzt	gemessen
Zimmerbreite		
Tafellänge		

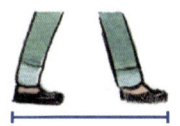

1 bis 5: Länge erst schätzen und dann messen. Schätzung und Messung vergleichen.

Zentimeter

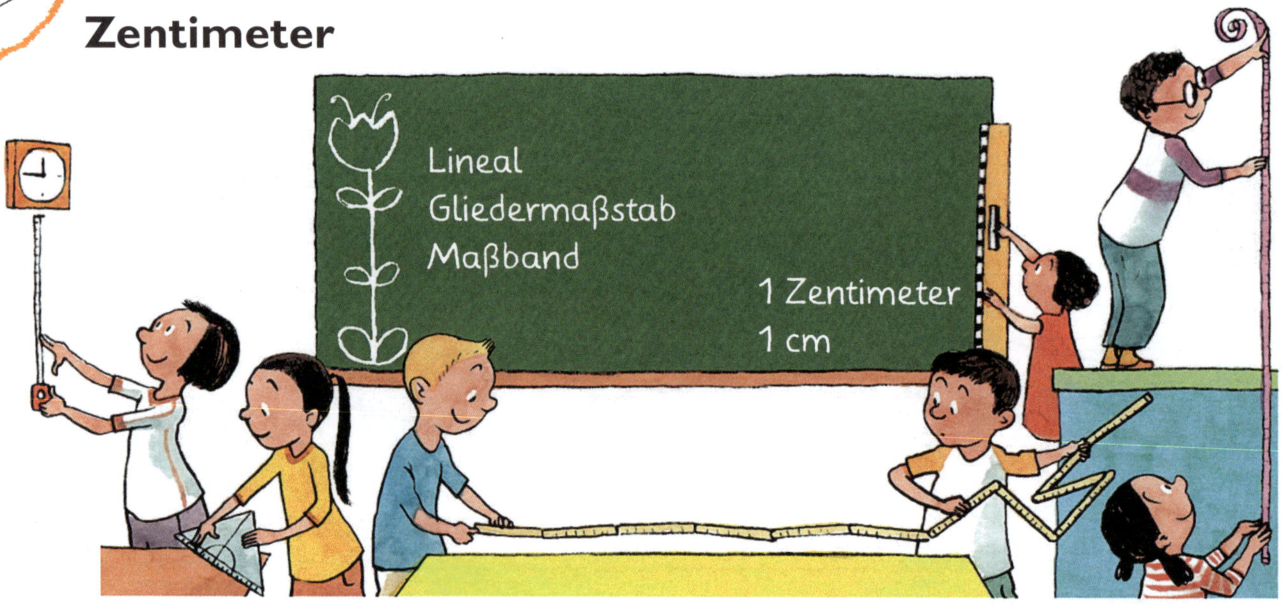

Lineal
Gliedermaßstab
Maßband
1 Zentimeter
1 cm

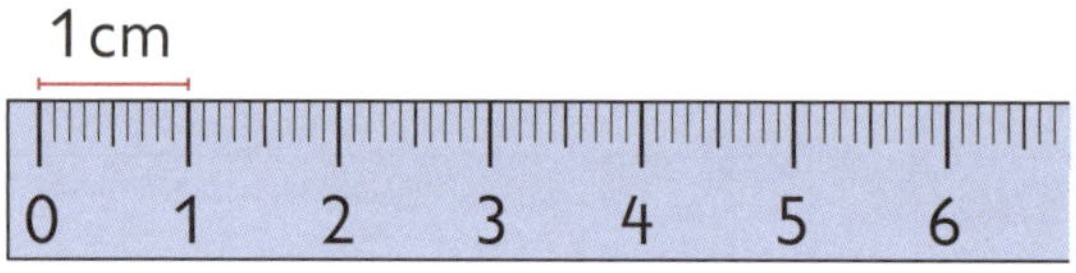

1 cm
0 1 2 3 4 5 6

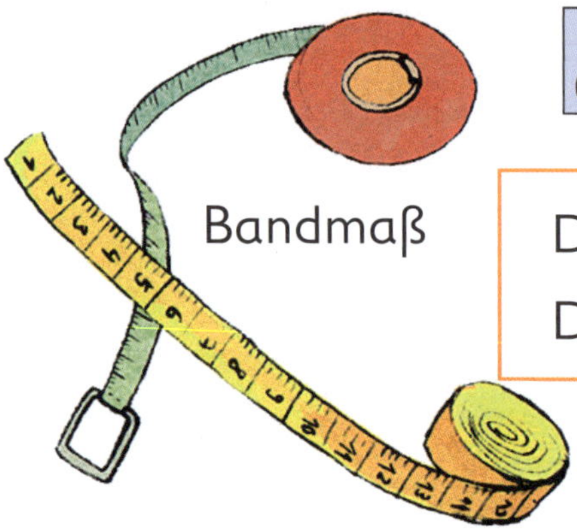

Bandmaß

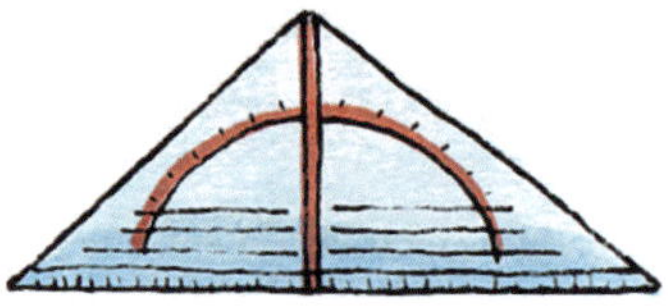

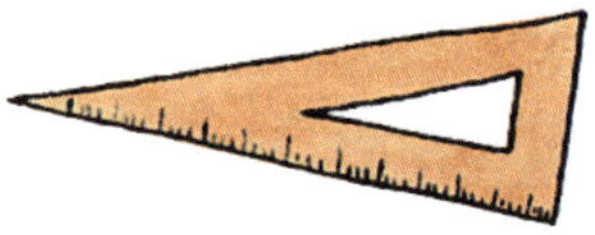

Schneidermaßband

Geodreieck

Du schreibst: 1 cm **MERKE DIR**

Du sprichst: ein Zentimeter

Zeichendreieck

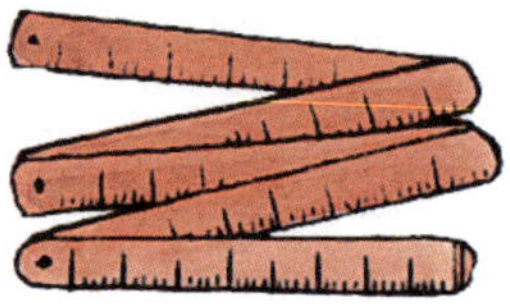

Gliedermaßstab (Zollstock)

Wie lang sind die Gegenstände?

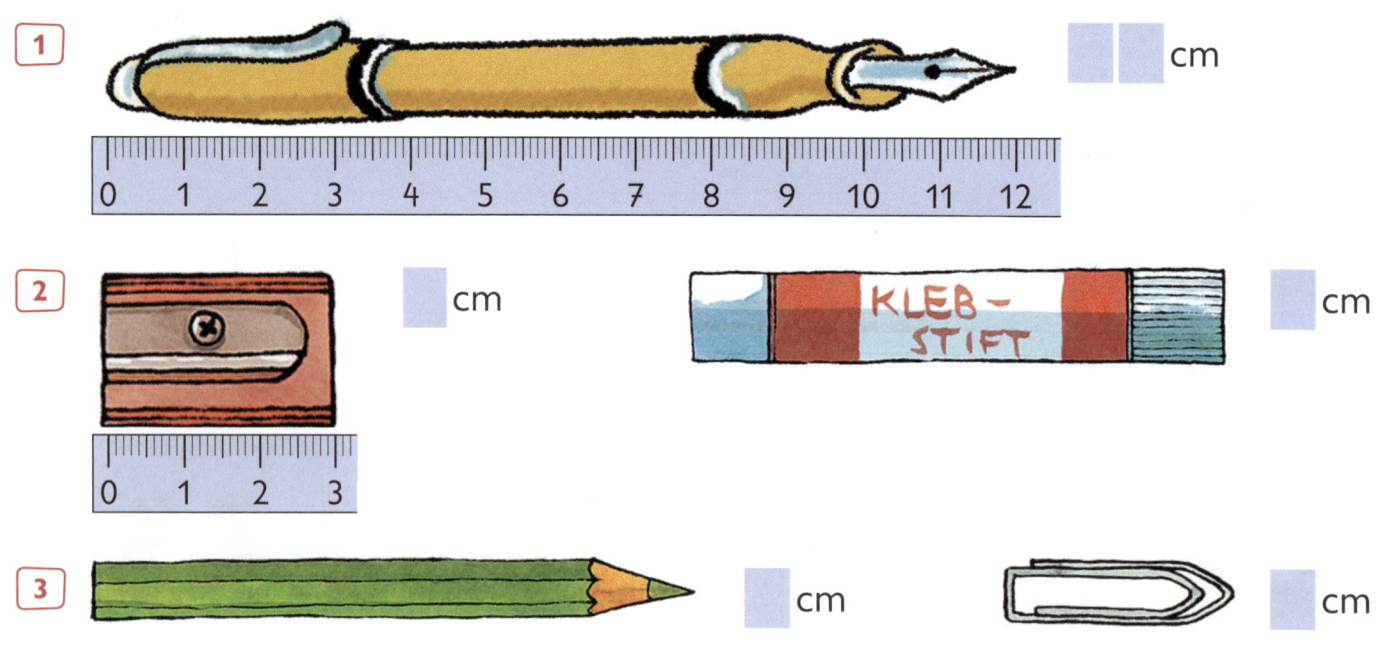

1

0 1 2 3 4 5 6 7 8 9 10 11 12

☐☐ cm

2

0 1 2 3

☐ cm

KLEB-
STIFT

☐ cm

3

☐ cm

☐ cm

1 bis 3: Längen messen.

Genau bei der 0 anlegen.

1 Miss die Länge der Gegenstände

☐☐ cm

☐ cm

☐ cm

☐ cm

2 Wie lang sind die Stäbchen?

☐ cm

☐ cm

☐☐ cm

☐ cm

3 Miss die Strecken.

A   B

$\overline{AB}$ = ☐☐ cm

E   F

$\overline{EF}$ = ☐☐ cm

L   M

$\overline{LM}$ = ☐ cm

Zeichnen von Strecken

So kannst du eine Strecke $\overline{AB} = 4\,cm$ zeichnen.

1. Zeichne eine Gerade g.

2. Trage auf g den Punkt A an.

3. Lege das Lineal mit der Null am Punkt A an.

4. Miss 4 cm ab und trage den Punkt B an.

5. Schreibe $\overline{AB} = 4\,cm$.

Zeichne die Strecken:

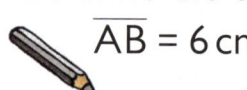

$\overline{AB} = 6\,cm$

$\overline{EF} = 9\,cm$

$\overline{LM} = 3\,cm$

$\overline{RS} = 13\,cm$

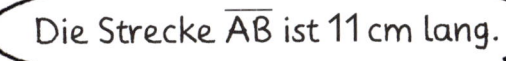

Die Strecke $\overline{AB}$ ist 11 cm lang.

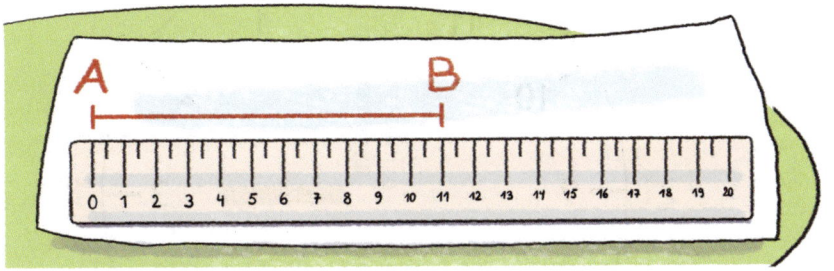

1 Zeichne eine Strecke $\overline{AB}$ = 10 cm.

2 Zeichne eine Strecke $\overline{AB}$, die doppelt so lang ist wie die Strecke $\overline{EF}$.

E   F

$\overline{EF}$ = ☐ cm

$\overline{AB}$ = ☐ cm

3 Zeichne eine Strecke $\overline{FG}$, die halb so lang ist wie die Strecke $\overline{DE}$.

D   E

$\overline{DE}$ = ☐☐ cm

$\overline{FG}$ = ☐ cm

4 Zeichne eine Strecke $\overline{CD}$, die halb so lang ist wie die Strecke $\overline{FG}$.

F   G

$\overline{FG}$ = ☐ cm

$\overline{CD}$ = ☐ cm

Zeit – Uhr und Uhrzeit

1 Tag hat 24 Stunden

Wie spät ist es?

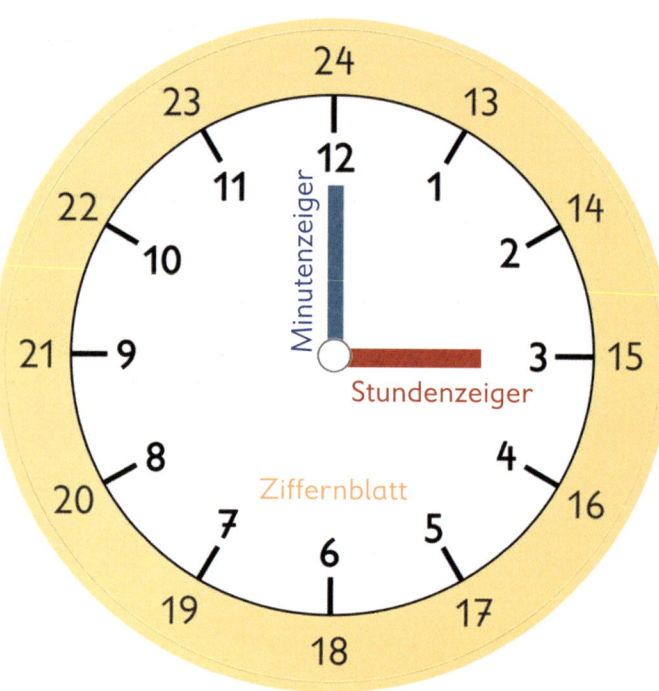

3 Uhr

[ ] Uhr

[ ] Uhr

[ ][ ] Uhr

[ ] Uhr

[ ][ ] Uhr

 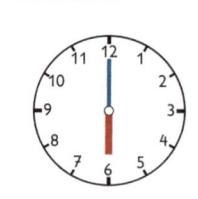

[ ][ ] Uhr

[ ][ ] Uhr

Tagesablauf besprechen, Uhrzeit ablesen.

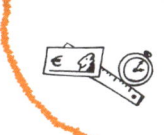

1 Lies die Uhrzeit ab.

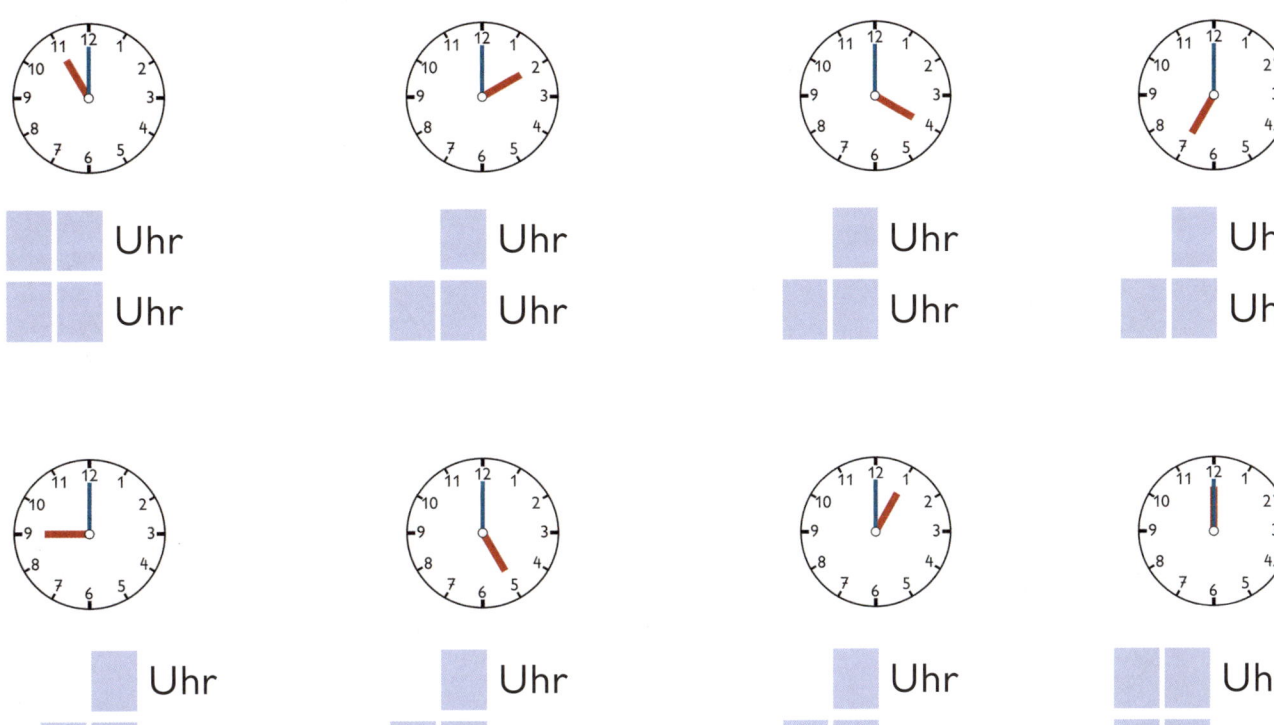

Uhr

Uhr

Uhr

Uhr

Uhr

Uhr

Uhr

Uhr

Uhr

Uhr

Uhr

Uhr

Uhr

Uhr

Uhr

Uhr

2 Trage die Zeiger ein.

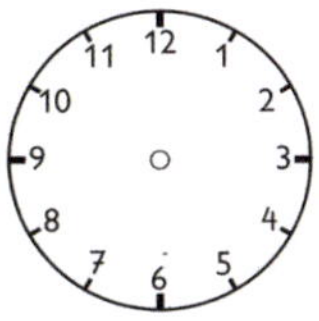

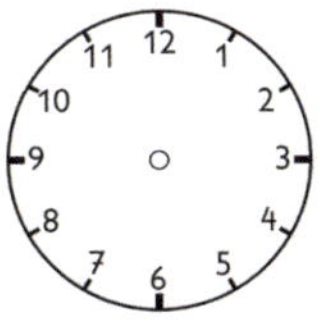

1 Uhr

13 Uhr

3 Uhr

15 Uhr

8 Uhr

20 Uhr

10 Uhr

22 Uhr

4 Uhr

16 Uhr

7 Uhr

19 Uhr

2 Uhr

14 Uhr

11 Uhr

23 Uhr

1: Uhrzeit ablesen. 2: Uhrzeit einzeichnen.

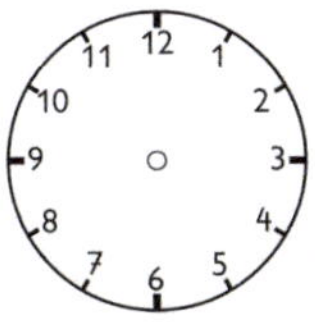

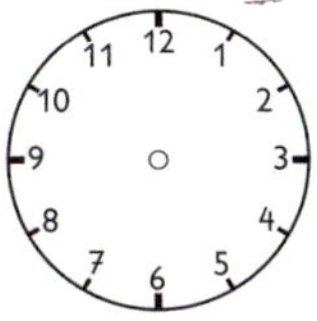

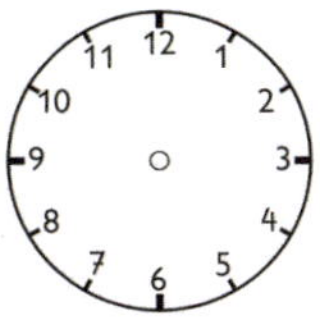

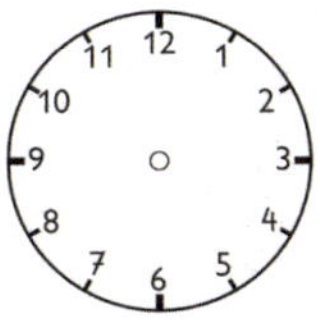

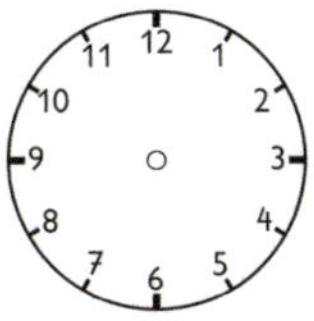

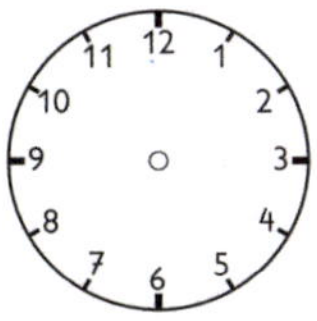

1 Trage die Zeiger ein.

a)
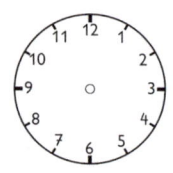 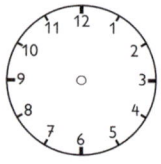 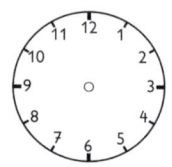 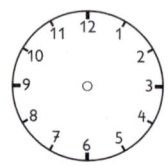

7:15 Uhr 9:40 Uhr 2:10 Uhr 7:20 Uhr

b)
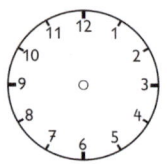 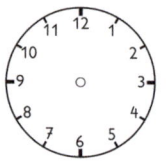 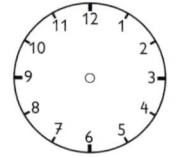 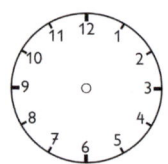

10:20 Uhr 12:50 Uhr 20:35 Uhr 13:30 Uhr

c)
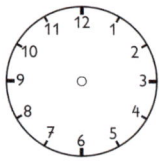 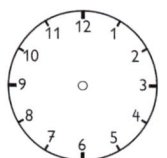 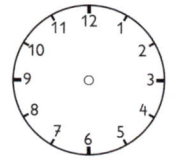 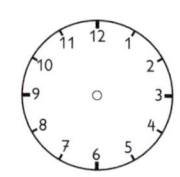

15:55 Uhr 24:05 Uhr 23:45 Uhr 17:05 Uhr

2 Verbinde gleiche Uhrzeiten.

6:15 Uhr 19:30 Uhr 13:45 Uhr 2:40 Uhr 17:25 Uhr

Immer
2 Zeiten.

3 Ergänze.

a) 7:30 Uhr 19:30 Uhr   b)   Uhr 18:15 Uhr

5:10 Uhr   Uhr   Uhr 22:30 Uhr

3:50 Uhr   Uhr   Uhr 16:00 Uhr

11:20 Uhr   Uhr   Uhr 14:45 Uhr

1: Zeiger eintragen. 2: Gleiche Zeiten zuordnen.
3: Vormittags- und Nachmittagszeiten angeben.

1 Trage die Zeiger ein. Ergänze.

a) Es ist 7:50 Uhr.   Der Unterricht beginnt um 8:00 Uhr.

Das ist in _____ Minuten.

b) Es ist 15:45 Uhr.   Der Film beginnt um 16:00 Uhr.

Das ist in _____ Minuten.

2 Ergänze zur nächsten Stunde.

a)  + [ ][ ] min →

b) + [ ][ ] min →

c) + [ ][ ] min →

d) + [ ][ ] min →

3 a)

4:30 Uhr $\xrightarrow{+ \;[\;][\;]\; min}$ 5:00 Uhr

b)

8:40 Uhr $\xrightarrow{+ \;[\;][\;]\; min}$ 9:00 Uhr

c)

17:45 Uhr $\xrightarrow{+ \;[\;][\;]\; min}$ 18:00 Uhr

d)

20:50 Uhr $\xrightarrow{+ \;[\;][\;]\; min}$ 21:00 Uhr

4 Von 9:55 Uhr bis 10:00 Uhr vergehen _____ Minuten.

Von 12:40 Uhr bis 13:00 Uhr vergehen _____ Minuten.

Von 16:20 Uhr bis 17:00 Uhr vergehen _____ Minuten.

Von 22:30 Uhr bis 23:00 Uhr vergehen _____ Minuten.

1: Uhrzeiten eintragen und Zeitdauer berechnen.
2 bis 4: Uhrzeiten zur nächsten vollen Stunde ergänzen.

55

Der Kalender

1 Schau im Kalender nach:

1 Jahr hat ☐ Monate.

1 Monat kann ☐ Tage oder ☐ Tage

oder ☐ Tage haben.

2 Vor August kommt der _____.

Nach Oktober kommt der _____.

Vor März kommt der _____.

Nach Dezember kommt der _____.

3 Die Monate, in denen meine Freunde

ihren Geburtstag haben:

Maria 7.3.   im M _____

Anna 14.6.   im _____

Ben 23.5.   im _____

Tom 13.8.   im _____

Max 16.12.   im _____

Nina 17.10. im _____

Tom 5.1.   im _____

4 Schreibe in Kurzform.

5. November _____   23. Mai _____

20. Februar _____   17. April _____

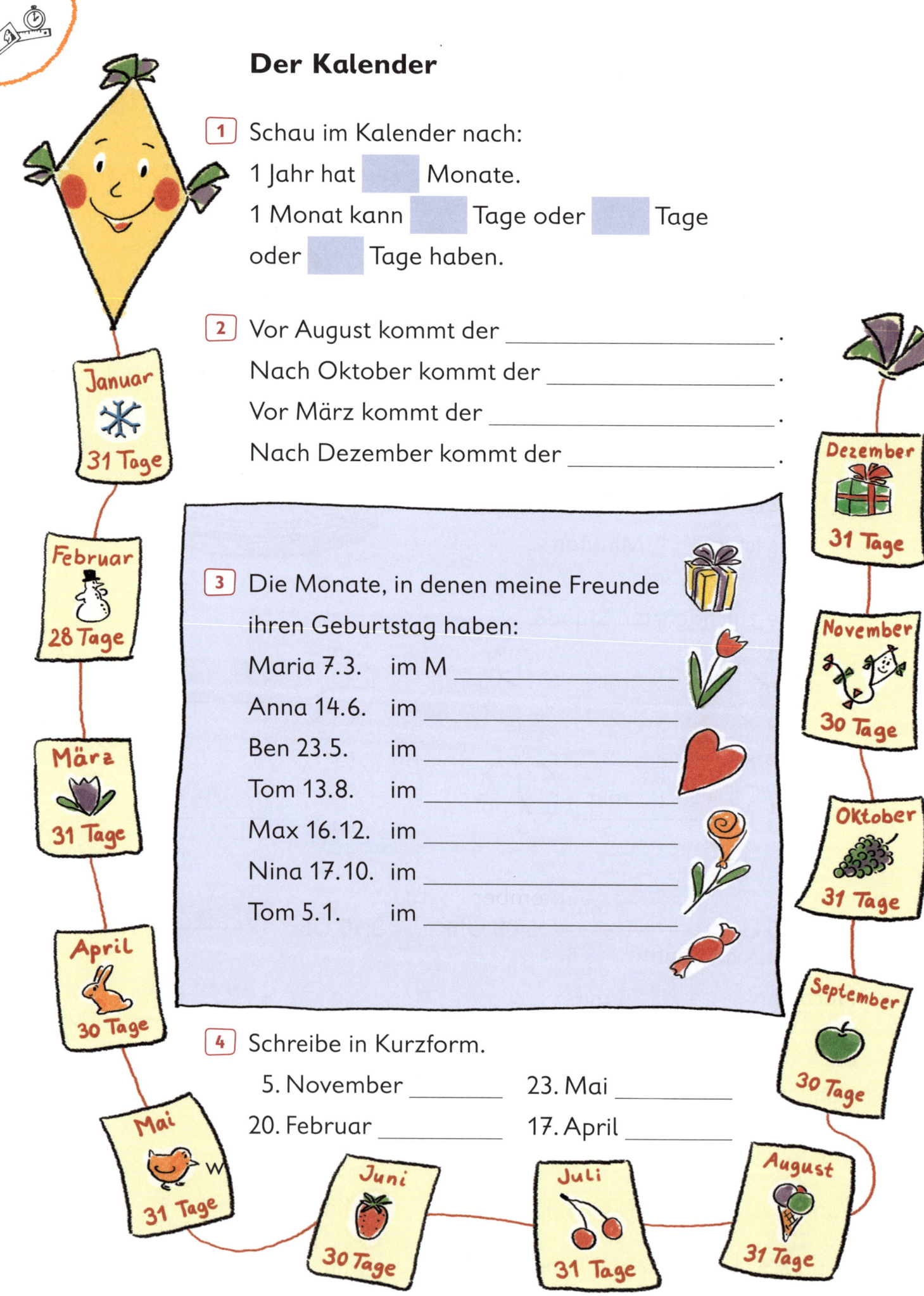

Januar
31 Tage

Februar
28 Tage

März
31 Tage

April
30 Tage

Mai
31 Tage

Juni
30 Tage

Juli
31 Tage

August
31 Tage

September
30 Tage

Oktober
31 Tage

November
30 Tage

Dezember
31 Tage

1: Anzahl der Monate und Tage bestimmen.   2: Monate ordnen.
3: Dem Datum Monate zuordnen.   4: Datum in Kurzform angeben.

1 Donnerstag ist im Juni am _____ .

Sonntag ist im Mai am _____ .

Dienstag ist im Dezember am _____ .

Mittwoch ist im Oktober am _____ .

> 5 Donnerstage und nur 4 Montage.

2 Der 4. Monat des Jahres ist der _____ .

Der 2. Monat des Jahres ist der _____ .

Der 7. Monat des Jahres ist der _____ .

Der 12. Monat des Jahres ist der _____ .

3 Ordne zu.

Herbstanfang   Frühlingsanfang   Winteranfang   Sommeranfang

21. März   23. September   22. Juni   22. Dezember

4 Welcher Wochentag ist es?

Herbstanfang: _____   Frühlingsanfang: _____

Winteranfang: _____   Sommeranfang: _____

Heiligabend: _____   Silvester: _____

5 Zwischen Montag und Sonntag liegen _____ Tage.

Zwischen Dienstag und Donnerstag liegt _____ Tag.

Zwischen Sonntag und Freitag liegen _____ Tage.

Zwischen Mittwoch und Samstag liegen _____ Tage.

1: Wochentage bestimmen.   2: Monatsnamen zuordnen.   3: Monate den Jahreszeiten zuordnen.
4: Wochentage den Daten zuordnen.   5: Anzahl der Tage bestimmen.

57

Sammeln von Daten

1 Wie viele Kinder sind der Klasse?

	Strichliste	Anzahl
Mädchen	卌 I	
Jungen	II	
zusammen		insgesamt:

2 Male für jedes Kind ein Kästchen aus.

Mädchen													
Jungen													

3 Wie viele Tische und Stühle stehen im Zimmer?

	Strichliste	Anzahl
Tische		
Stühle		

4 Male aus: Für jeden Tisch ein gelbes Kästchen.

Für jeden Stuhl ein grünes Kästchen.

Tische														
Stühle														

1, 3: Anzahl als Strichliste und Zahl angeben.   2, 4: Anzahl als Streifendiagramm darstellen.

1 Wie viele Hasen und Bären sind im Regal?

	Strichliste	Anzahl
🐇		
🧸		
		insgesamt:

2 Male aus: Ein Bär ein Kästchen. Ein Hase ein Kästchen.

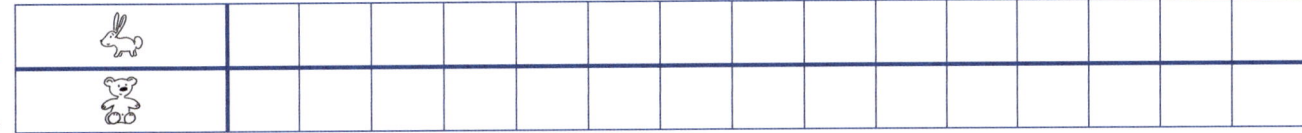

3 Zähle die braunen und die schwarzen Bären.

	Strichliste	Anzahl
🧸		
🧸		

4 Male für jeden Bär ein Kästchen aus.

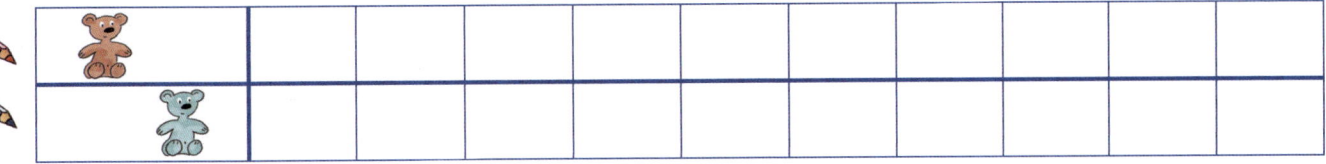

1, 3: Anzahl als Strichliste angeben. 2, 4: Anzahl als Streifendiagramm darstellen.

Kombinieren

1 Ordne jeder Tasse einen Teller zu.

Wie viele Möglichkeiten findest du?

Antwort: _____

2 Verteile die Plättchen auf die 4 Quadrate. 🔴 🔴 🔵 🔵

Lege erst. Male dann alle Möglichkeiten aus.

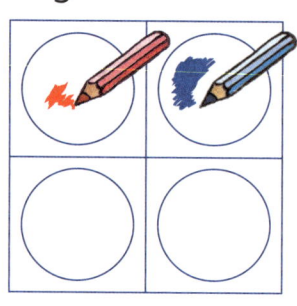 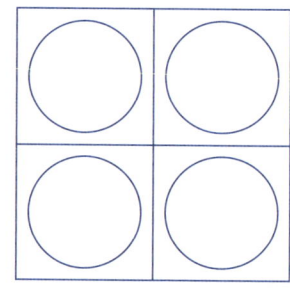 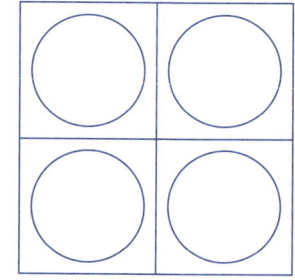

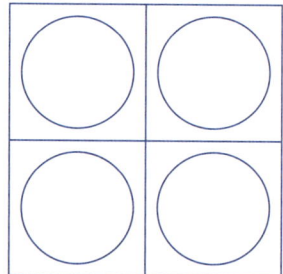 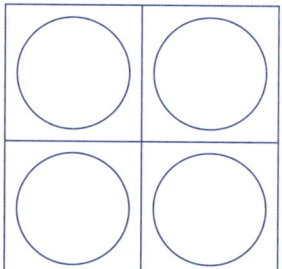 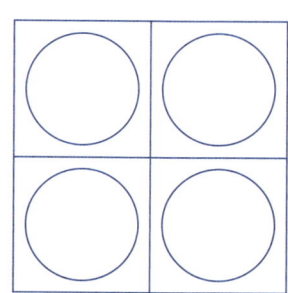

3 **Freundeaufgabe –
Legt die Figuren

in verschiedener
Reihenfolge.**

1: Alle möglichen Kombinationen legen und dann ausmalen.   2: Alle möglichen Zuordnungen durch Strich-
verbindungen kennzeichnen.   3: Mit dem Lernpartner alle Möglichkeiten legen. Hinweis SB 1, Freundeseite 121.

1 In welcher Reihenfolge kannst du die Ballons aufhängen?

Male aus.

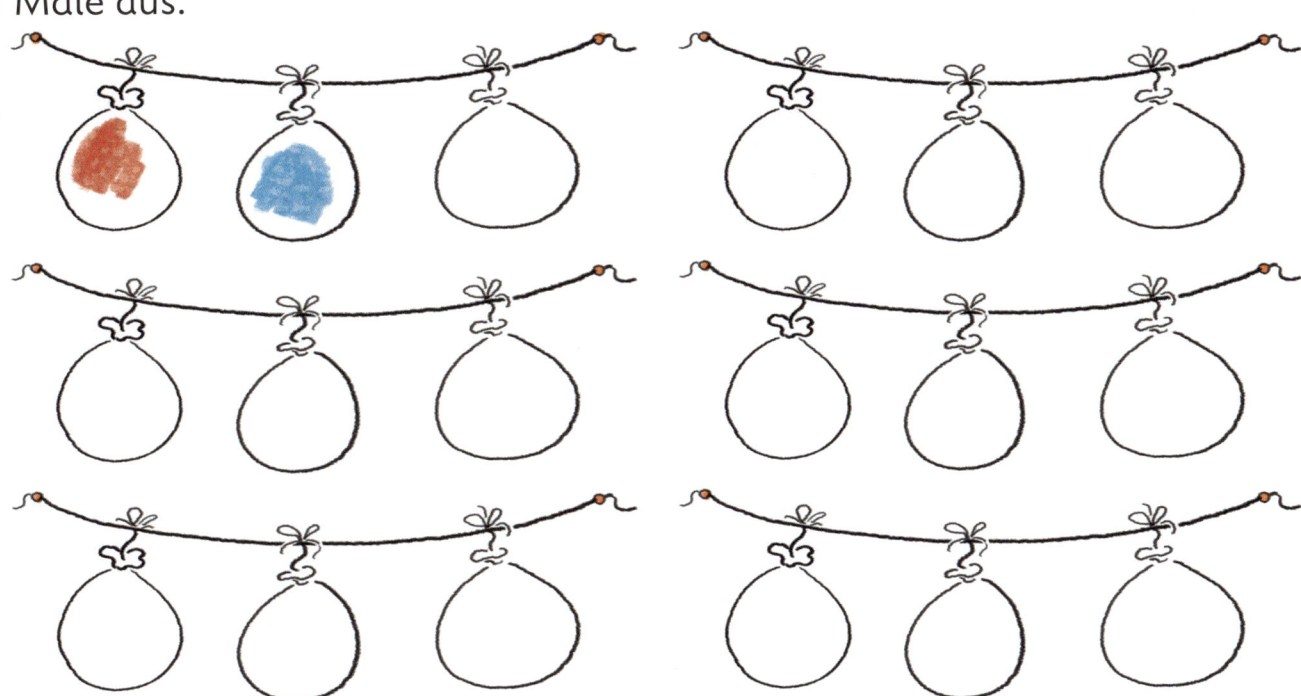

2 Wie viele Möglichkeiten hast du, die drei Hänger anzukoppeln?

Male aus.

Projet: Mathematik zum Spielen und Staunen

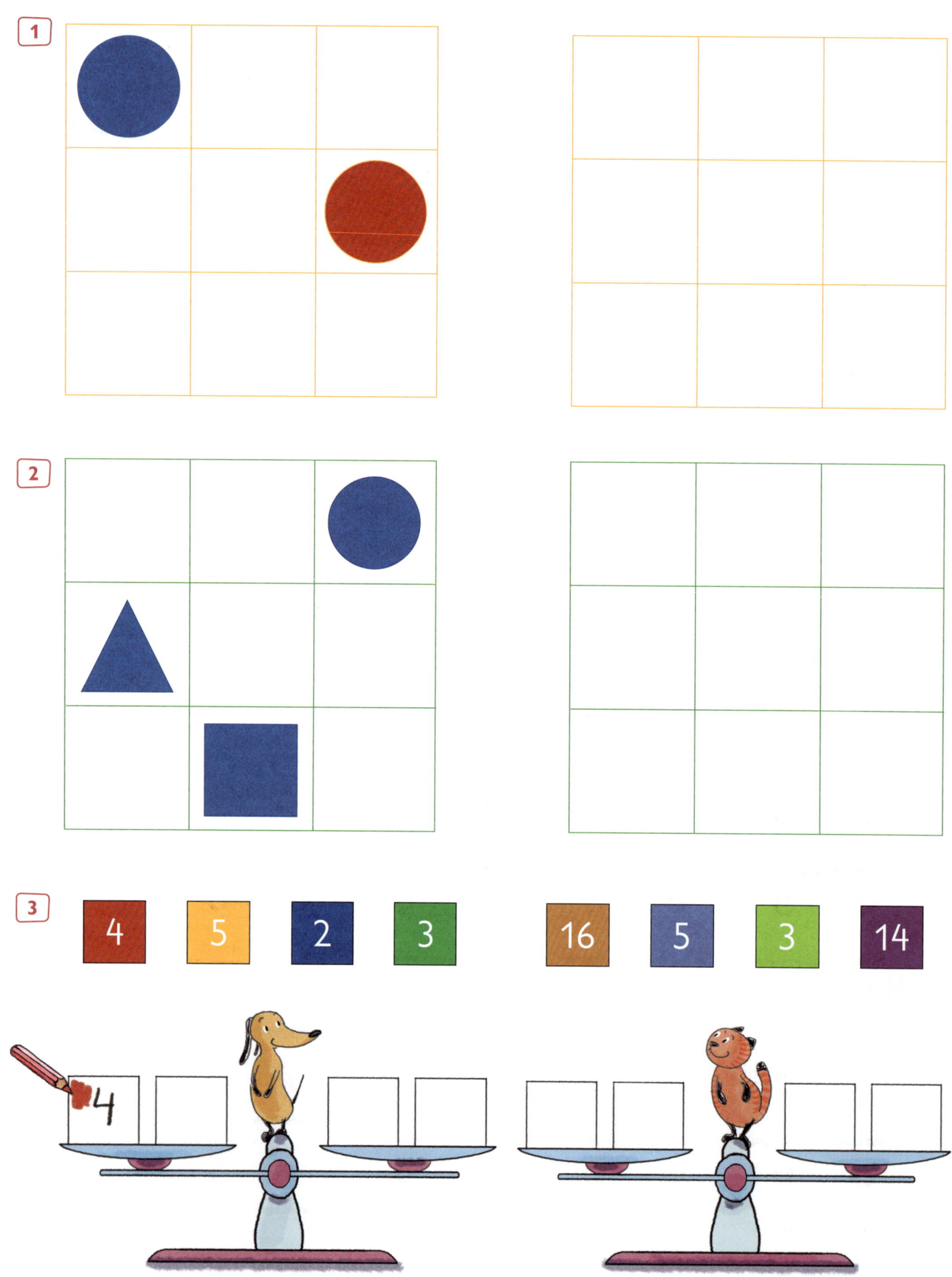

1, 2: Farbe und Lage einprägen, abdecken, übertragen, kontrollieren.
3: Zahlen/Summanden gleichmäßig verteilen und ausmalen.

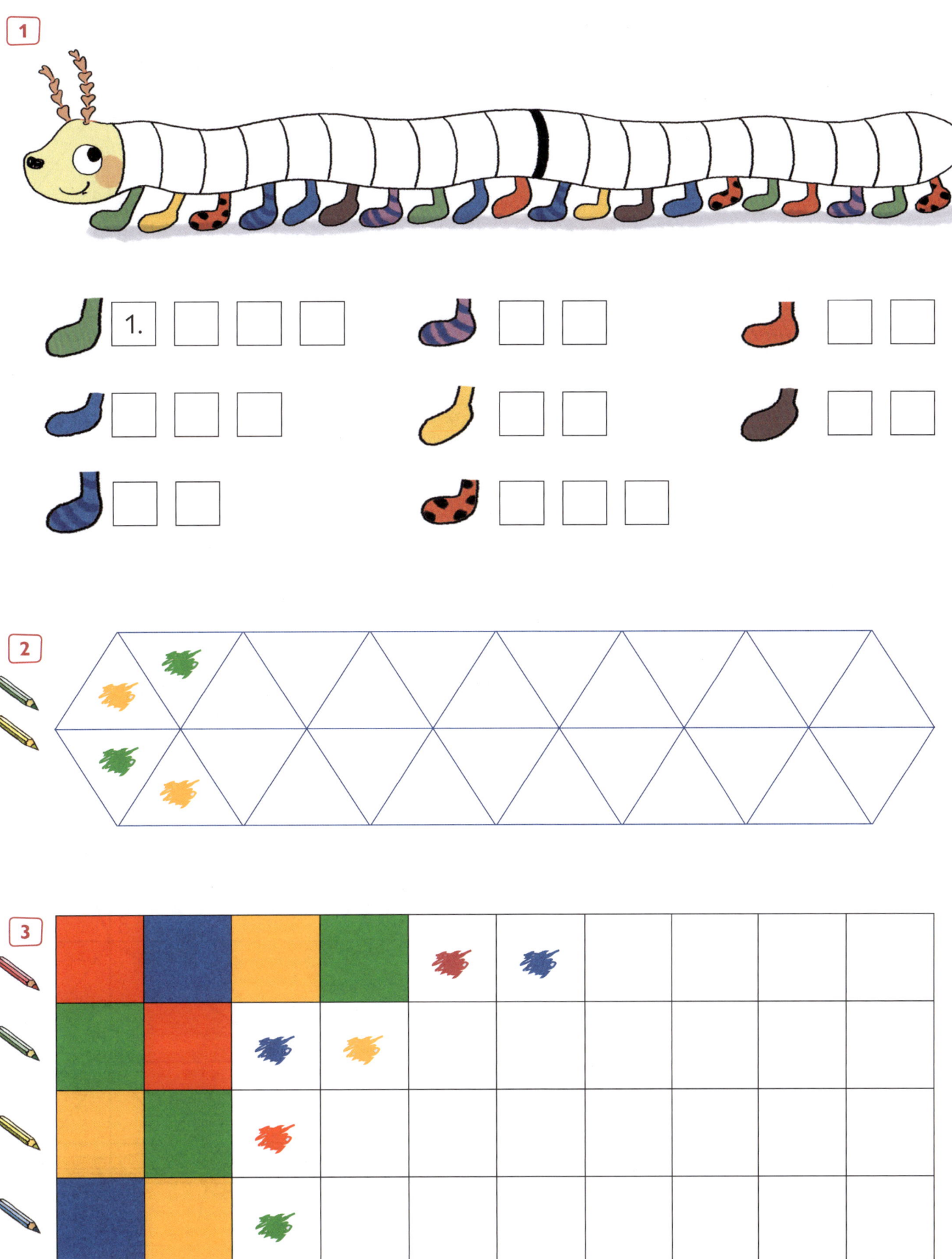

1

1.

2

3

1: Ordnungszahlen zuordnen, Raupe nach Vorgabe färben.   2, 3: Muster fortsetzen.

P

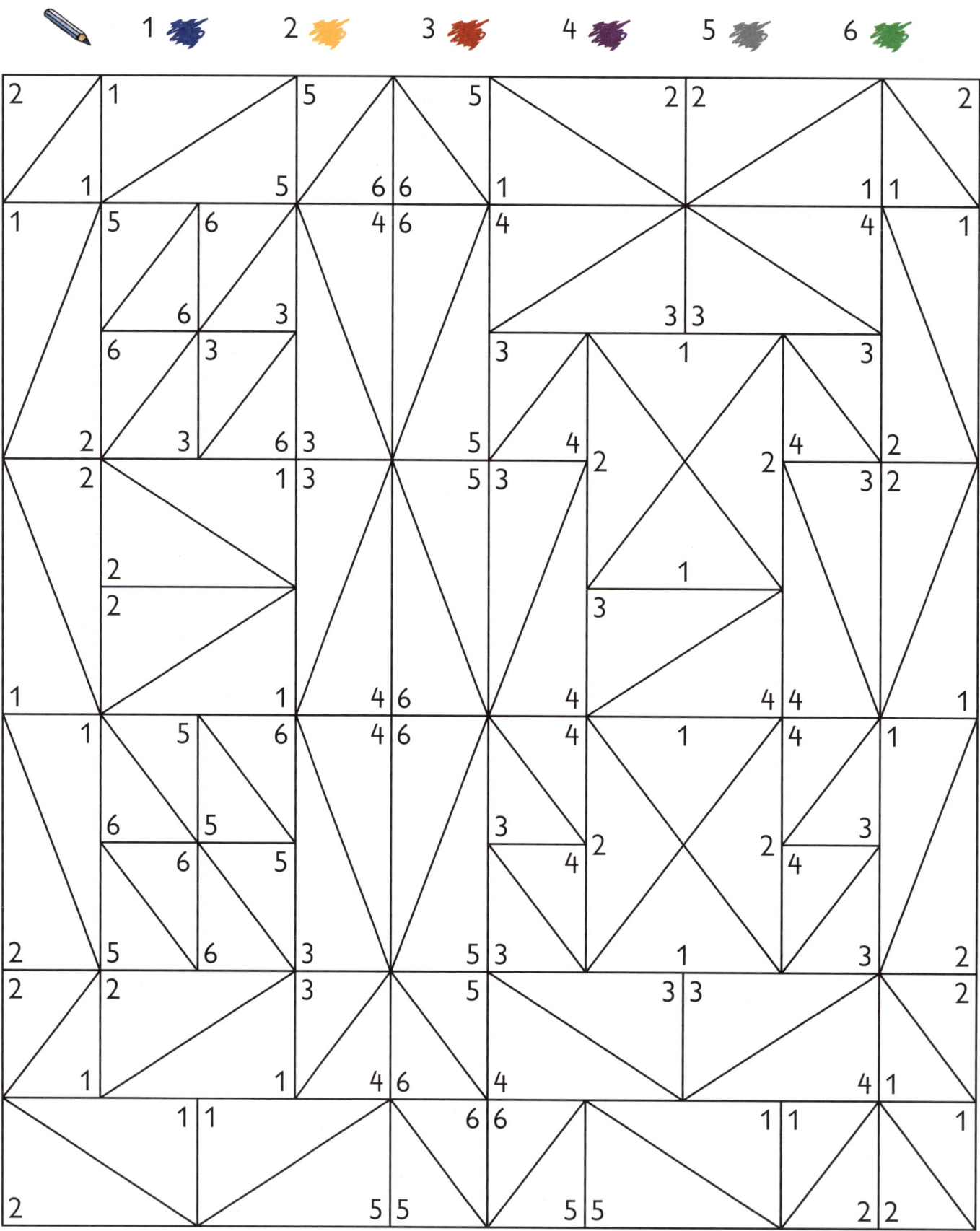

Felder nach Vorgabe färben, Lösungszahlen erkennen und mit einem schwarzen Stift umfahren.